Coincidências não existem

Borja Vilaseca

COINCIDÊNCIAS NÃO EXISTEM

COMO A ESPIRITUALIDADE PODE SALVAR SEU DIA (MESMO QUE VOCÊ NÃO ACREDITE EM NADA)

Tradução: Larissa Bontempi

Copyright © 2022 by Editora Globo S.A. para a presente edição
Copyright © 2021, Borja Vilaseca

Todos os direitos reservados. Nenhuma parte desta edição pode ser utilizada ou reproduzida — em qualquer meio ou forma, seja mecânico ou eletrônico, fotocópia, gravação etc. — nem apropriada ou estocada em sistema de banco de dados sem a expressa autorização da editora.

Texto fixado conforme as regras do
Acordo Ortográfico da Língua Portuguesa
(Decreto Legislativo nº 54, de 1995).

Título original: *Las casualidades no existen*

Editora responsável: Amanda Orlando
Assistente editorial: Isis Batista
Preparação: Clarissa Luz
Revisão: Bianca Marimba, Laize Oliveira e Carolina Rodrigues
Diagramação: Alfredo Rodrigues
Capa: Isabel W. De Nonno

1ª edição, 2022

CIP-BRASIL. CATALOGAÇÃO NA PUBLICAÇÃO
SINDICATO NACIONAL DOS EDITORES DE LIVROS, RJ

V752c

    Vilaseca, Borja

        Coincidências não existem : como a espiritualidade pode salvar seu dia: mesmo que você não acredite em nada / Borja Vilaseca; tradução Larissa Bontempi. - 1. ed. - Rio de Janeiro: Principium, 2022.

        312 p.; 21 cm.

        Tradução de: Las casualidades no existen: espiritualidad para escépticos
    ISBN 978-65-88132-20-3

    1. Espiritualidade. 2. Vida cristã. 3. Prática cristã. I. Bontempi, Larissa. II. Título.

22-80474   CDD: 204.4
                CDU: 2-584

Meri Gleice Rodrigues de Souza - Bibliotecária - CRB-7/6439
07/10/2022 14/10/2022

Este livro, composto na fonte Fairfield,
foi impresso em papel Pólen Natural 70g/m2 na Corprint,
São Paulo, outubro de 2022.

Direitos exclusivos de edição em língua portuguesa para o Brasil
adquiridos por Editora Globo S. A.
Rua Marquês de Pombal, 25 — 20230-240 — Rio de Janeiro — RJ
www.globolivros.com.br

Sumário

i. Este livro é uma farsa.....................13
   1. Não é possível explicar... 15
   2. ... Nem querem entender 17
   3. Da crença à experiência 19

ii. Tome a pílula vermelha....................23
   4. Desperte!.........................25
   5. Seja um viajante, não um turista.....................27
   6. Minha relação com deus.....................29

Primeira parte
Uma religião sem espiritualidade

iii. O verdadeiro pecado original.....................41
   7. O umbigo do mundo.........................42
   8. A ditadura do ego 46
   9. O poder das crenças.............................51

10. O labirinto da mente 56
11. A ficção do pensamento 59
12. Afogados pela emoção 63

IV. A HISTÓRIA DA RELIGIÃO 71
13. As origens do sagrado 72
14. A arte mágica da Pré-História 77
15. Um deus para cada coisa 81
16. O monopólio do monoteísmo 88

V. EM NOME DE DEUS 99
17. A ironia de Jesus de Nazaré 101
18. Os crimes da religião 105
19. O medo do inferno 111

VI. O DESENCANTAMENTO DO MUNDO 119
20. O assassinato de deus 122
21. O fanatismo científico 125
22. Quem criou o universo? 129
23. O deserto espiritual 131

Segunda parte
O despertar da consciência

VII. A NOITE ESCURA DA ALMA 139
24. Hipnose coletiva 141
25. A função da adversidade 146
26. Alívio, suicídio ou cura? 151
27. Iluminar a sombra 154

VIII. SE VOCÊ MUDA, TUDO MUDA 159
   28. A realidade é neutra 160
   29. Deixe de perturbar a si mesmo 166
   30. Como reprogramar a mente 172
   31. Aprenda com seus "mestres espirituais" 179

IX. A EXPERIÊNCIA MÍSTICA 187
   32. Misticismo e iluminação 188
   33. Deus está dentro de você 194
   34. A meditação como medicamento 198
   35. Tome banho enquanto estiver
   tomando banho 205
   36. O mundo é uma ilusão 210

X. O EGO ESPIRITUAL 215
   37. O negócio do desespero 216
   38. O lado obscuro dos gurus 218
   39. Viciados em autoajuda 222

TERCEIRA PARTE
UMA ESPIRITUALIDADE SEM RELIGIÃO

XI. ESPIRITUALIDADE LAICA 229
   40. A filosofia perene 230
   41. Religião *versus* espiritualidade 233
   42. O jogo das matrioscas 238
   43. Boas-vindas ao clube dos naturebas 243

XII. TUDO É PERFEITO 249
   44. O universo é regido por leis 250

45. A injustiça não existe..................................255
46. A *aceitologia*..261

XIII. VIVER DESPERTO 269
47. Ame a sua solidão...................................270
48. Saia do armário espiritual 277
49. Nada é tão importante..............................282
50. A morte não é o fim.................................286

XIV. EPÍLOGO: O FIM DA BUSCA 293
51. Existe o livre-arbítrio? 294
52. Fique em paz 299
53. *Maktub*..301

JUNTE-SE À REVOLUÇÃO..305
BIBLIOGRAFIA..307
NOTAS 309

*A Irene, Lucía e Lucas,
minhas três pessoas favoritas.*

Chamamos de coincidência *a causa ignorada de um efeito desconhecido.*
VOLTAIRE

I

ESTE LIVRO É UMA FARSA

> Questionar nossas crenças mais
> enraizadas requer muita coragem,
> porque envolve aceitar a possibilidade de
> termos nos enganado toda a nossa vida.
> DAVID FISCHMAN

UM GRUPO DE INTELECTUAIS LIDERADOS *por um acadêmico importante decidiu visitar um centro de filosofia oriental. Tinham curiosidade de saber do que se tratava. Pelo visto, ali vivia um ancião sábio que oferecia cursos de meditação e, a cada ano, atraía mais seguidores desejosos de iniciar o desenvolvimento espiritual.*

Chegando lá, o grupo entrou no saguão, onde foi gentilmente recebido por um guia. "Notem que há duas portas por onde podem entrar no nosso centro", disse, apontando para cada uma delas. "Na primeira, há uma placa em que se lê 'Com preconceitos'; na segunda, há outra em que se lê 'Sem preconceitos'." E concluiu, *"por favor, entrem pela que melhor lhes representa".*

Durante uma longa pausa, os membros do grupo se entreolharam sem saber muito bem o que fazer. De repente, o acadêmico decidiu dar um passo à frente e dirigiu-se com decisão à porta que dizia "Sem preconceitos". Logo depois, o restante do grupo foi atrás dele para entrar pela mesma porta.

No entanto, ao tentar girar a maçaneta, percebeu que aquela entrada não existia. A porta que dizia "Sem preconceitos" era uma ilusão de ótica. Na verdade, era a pintura de uma porta sobre uma parede. Incomodado e envergonhado, o acadêmico foi até a porta que dizia "Com preconceitos", que era a única entrada possível daquele centro de filosofia oriental.[1]

Acompanhado de seus seguidores, o acadêmico entrou em uma das salas de meditação, onde o sábio se encontrava sozinho e em silêncio. Assim que os viu, o sábio cumprimentou os membros do grupo com cordialidade e, olhando nos olhos do acadêmico, perguntou-lhe: "O que posso fazer por vocês?". Ao que o acadêmico respondeu: "Ainda não sei... Considero-me uma pessoa cética, com mente de cientista. Para ser sincero, penso que o desenvolvimento espiritual é uma pseudociência para pessoas desesperadas e sem critério. No entanto, ouço falar sobre você há tanto tempo que lhe concedo dez minutos para que me dê um resumo dos seus principais ensinamentos".

O ancião, sorridente e muito tranquilo, respondeu: "Muito obrigado por sua honestidade. Permita-me antes te oferecer uma xícara de chá". Em seguida, começou a encher a xícara do acadêmico. Quando a xícara já estava cheia, ele continuou servindo até que o chá transbordasse, derramando no chão. Surpreso e zangado, o acadêmico disparou aos gritos: "Mas o que você está *fazendo, seu burro? Por acaso não viu que já estava cheia e que não cabia mais nada nela?"*. Sem perder a compostura, o sábio respondeu: *"É claro que vi. Da mesma maneira, vejo que sua mente está muito cheia de preconceitos. A não ser que você a esvazie, não conseguirá aprender algo novo"*.[2]

1. Não é possível explicar...

Este livro é uma farsa. Essencialmente porque escrever sobre espiritualidade é bastante semelhante a tentar explicar como é a cor roxa a alguém que nasceu cego. É impossível. Ainda que a linguagem seja uma ferramenta muito útil para nos comunicarmos, nenhum conceito descreve plenamente algo tão subjetivo, intangível e sutil como o âmbito da metafísica e da consciência. No máximo, as palavras podem indicar o caminho que conduz à experiência, mas elas não são a experiência em si.

É que uma coisa é *entender*, e outra — muito diferente — é *compreender*. Pode ser que essas duas palavras se pareçam muito, mas há um abismo no fundo de uma e da outra. A primeira refere-se ao mero entendimento intelectual de qualquer informação ou conhecimento expresso de forma conceitual. É sinônimo de "inferir". A segunda, por outro lado, tem um significado muito mais profundo: envolve a experimentação e a vivência diretas, possibilitando que esse conhecimento seja plenamente assimilado, tornando-se parte da pessoa. É sinônimo de "saber".

Por exemplo, todo mundo *entende* conceitualmente o quão assustador deve ser pular de paraquedas pela primeira vez. Por meio do intelecto, você entende que deve ser medonho saltar de um avião voando a 4 mil metros do chão. No entanto, só poderá *compreendê-lo* quando se atrever a vivê-lo pela sua própria experiência. Só quem pulou de paraquedas conhece o sentimento de abrir a porta do avião instantes antes do salto. Do contrário, não faz ideia. Por mais que expliquem para você, é impossível compreender a sensação que surge quando se está em queda livre a duzentos quilômetros por hora. Para isso, não há outra solução a não ser saltar de paraquedas.

Do mesmo modo, sem dúvida você *entende* a frase "coincidências não existem". Concorde com ela ou não, entende o que quer dizer. Entretanto, não a *compreendeu* de verdade. De fato, estamos tão acostumados a nos conformarmos com o entendimento intelectual que o próprio verbo *compreender* caiu em desuso na nossa sociedade. Ninguém mais o utiliza. Esta é a razão por que este livro é uma farsa: a linguagem por meio da qual ele foi escrito não é capaz de explicar a fundo o que na verdade pretendo compartilhar com você: como é maravilhoso viver a vida a partir da nossa dimensão espiritual.

Por mais que escrevamos ensaios e façamos palestras, não é possível teorizar, comunicar nem pregar sobre a verdadeira espiritualidade. Ela só pode ser praticada, vivenciada e experimentada. Sobretudo porque não é possível compreender com a mente, o intelecto e a linguagem algo que está além da mente, do intelecto e da linguagem. Por isso, o máximo que este livro pode pretender é inspirar você a experimentar a espiritualidade por si mesmo.

> *As palavras não podem expressar mais do que um pequeno fragmento do conhecimento humano; o que podemos dizer e pensar é sempre imensamente menor do que aquilo que experimentamos.*
> ALAN WATTS

2. ... NEM QUEREM ENTENDER

O grande obstáculo e inimigo deste livro é a escassa predisposição que em geral nós, seres humanos, temos para questionar nossa maneira de ver a vida. Tanto é que o normal é ficarmos na defensiva cada vez que escutamos informações novas e desconhecidas. Em especial quando atentam diretamente contra velhas crenças que estão enraizadas em nossa mente há muito tempo.

A maioria de nós está acomodada na zona de conforto intelectual, e muitos odeiam tudo o que tem a ver com mudanças e novidades. Oprimidos por todos os tipos de preconceitos e estereótipos, só estamos dispostos a considerar e aceitar aquelas ideias que reafirmam a forma de pensar com a qual fomos condicionados pelo nosso entorno social e familiar. De fato, tendemos a menosprezar e nos distanciar de quem opina diferente e a nos rodear de — e elogiar — quem pensa como nós.

Espero que esse não seja o seu caso, e que você seja humilde o bastante para abrir a mente o máximo que puder, confrontado com afinco o seu sistema de crenças. Encorajo você a ler este ensaio com um olhar inocente. Na verdade, a mensagem que desejo transmitir só poderá chegar ao seu coração e nutrir a sua consciência se você permanecer em um estado de alerta e vulnerabilidade. Não por acaso, a intenção das páginas a seguir é contar algo oposto e diferente do que vinham explicando até agora. Para se reconectar com a sua dimensão espiritual, terá de desaprender quase tudo o que lhe ensinaram. Sei disso por experiência própria.

Do mesmo modo que só é possível encher um copo quando ele está vazio, convido você a esvaziar a sua mente de dogmas, estereótipos e ideias preconcebidos. Só assim você estará disposto a receber, com total abertura, a informação contida neste ensaio. Por favor, tente estar presente enquanto lê, mantendo-se consciente dos momentos em que seus preconceitos impedirem você de estar com a mente e o coração abertos.

Nesse sentido, fique muito atento ao ler palavras como "deus", religião", "espiritualidade", "consciência", "sabedoria", "misticismo", "iluminação" ou "divindade", porque elas foram muito maculadas e estão distantes do seu significado essencial e original. Então, irei compartilhar a etimologia delas com você ao longo deste livro, para que resgatemos juntos seu significado autêntico e verdadeiro.

Se já é impossível colocar em palavras o que quero compartilhar, tenha em conta que o mais provável é que nem eu consiga me explicar nem você consiga me entender. É que "entre o que penso, o que quero dizer, o que acredito dizer, o que digo, o que você quer ouvir, o que ouve, o que acredita entender, o que quer entender e o que entende, existem pelo menos nove possibilidades de que não nos entendamos".[3] Enfim, tomara que você interprete minhas palavras de tal modo que o sentido com que elas foram escritas chegue até você e que, consequentemente, você se comprometa a experimentar, digerir e integrar as reflexões contidas nestas páginas.

> *A mente é como um paraquedas:*
> *só funciona se estiver aberta.*
> ALBERT EINSTEIN

3. DA CRENÇA À EXPERIÊNCIA

Todos nós fomos condicionados pelo nosso entorno social e familiar a ver a vida de determinada maneira. Você também. Por isso, em geral, sua mente está encarcerada dentro de um "aquário intelectual" invisível. Seja como for, essa influência religiosa tende a produzir três tipos de pessoas: crentes, ateus e agnósticos. Os primeiros acreditam em deus; os segundos não acreditam nele, e os últimos se mantêm neutros.

Curiosamente, este livro não contentará a nenhum dos três. Principalmente porque trata de espiritualidade laica, que não tem a ver com *crer*, mas com *experimentar*. Não comunga com nenhuma instituição religiosa nem defende abraçar o ateísmo niilista como filosofia de vida. Longe de negar a possibilidade de compreender deus e o universo, ela explica passo a passo o caminho de autoconhecimento que será preciso transitar para reconectar-se com a faísca de divindade que nasceu com você.

Se tem algo que eu aprendi é que "verdade", "sabedoria" e "amor" são sinônimos, e seu denominador comum é que não é possível ensinar esses conceitos. Principalmente porque não têm nada a ver com informação, conhecimento ou erudição. Por isso, você não conseguirá obtê-los de um professor nem pegar emprestados de nenhum guru. A única maneira de compreender a verdade, ser sábio e aprender a amar é vivendo experiências profundamente transformadoras. Ninguém pode percorrer esse caminho por você. Absolutamente ninguém.

É óbvio que este ensaio não tem o poder de mudar a sua vida. Ninguém tem. Dependendo da atitude com que você o leia — e da predisposição com que o ponha em prática —, pode ser que a transformação aconteça, quem sabe? De qualquer modo, garanto que só vou compartilhar com você certas verdades universais que constatei por meio da minha própria experiência.

Arrogância *versus* humildade

Diante de qualquer ideia que desafie o seu *status quo* intelectual, é importante não confundir a arrogância com o ceticismo. Sobretudo porque o arrogante — ou pseudocético — não tende a fazer novos questionamentos, por acreditar que tem todas as respostas, erguendo-se como porta-voz da verdade. Reconhecer que não sabe — ou que pode estar errado — é doloroso demais para o seu ego. Dessa maneira, ele vai se fechando em uma prisão mental construída à base de crenças e conceitos desgastados, muitos dos quais são falsos e limitantes.

Ainda que aparente segurança, a arrogância é uma fachada que geralmente esconde um medo profundo à mudança. Assim, o arrogante faz tudo o que for possível para não modificar a sua postura rígida e estática diante da vida. Para ele, é difícil ser autocrítico e questionar a si mesmo. Principalmente porque isso envolve fazer algo que o aterroriza: questionar os pilares sobre os quais construiu a sua identidade. Portanto, ele se sente incomodado e ameaçado ao entrar em contato com informações novas. É por isso que tende a ridicularizar, demonizar e, inclusive, opor-se violentamente a ideias diferentes das suas.

O xis da questão é que a arrogância — ou pseudoceticismo — é uma atitude ineficiente e insustentável que limita a sua capacidade de ver e compreender as coisas sob uma nova perspectiva. De um ponto de vista biológico, é antinatural, pois impede que você evolua psicológica e espiritualmente como ser humano. Por outro lado, a humildade de reconhecer que não sabe e que está disposto a aprender permite que você desenvolva um ceticismo sadio e construtivo, ou seja, é a atitude de explorar aquilo que não conhece para expandir seu entendimento e compreensão. Em essência, não é nada além de um sintoma que manifesta a sua maturidade.

Desse modo, é fundamental sempre se abrir para o novo e o desconhecido. E não, nunca acredite em nada do que ouvir ou ler, inclusive — claro — o conteúdo deste ensaio. Ao contrário, procure analisar, questionar e comparar de forma minuciosa todas as informações que chegam de fora até você. Na medida do possível, verifique-as por sua própria experiência. Não é possível entender a verdade, a sabedoria e o amor com a mente. Eles só podem ser experimentados com o coração.

Dito isso, deixe que eu insista: por favor, não acredite em nada. Não caia no erro de transformar esses conceitos em novas crenças. É importante que você leia este livro com ceticismo e senso crítico. Sobretudo, atreva-se a colocá-lo em prática. Se continuou lendo até aqui, obrigado pelo seu tempo, cumplicidade e interesse. Boa viagem!

> *Ninguém nunca ficou bêbado por*
> *compreender intelectualmente a palavra "vinho".*
> ANTHONY DE MELLO

II

Tome a pílula vermelha

> É mais fácil enganar as pessoas
> do que convencê-las de que foram enganadas.
> Mark Twain

Havia uma caverna escura onde um grupo de seres humanos estava em cativeiro, prisioneiros desde o dia de seu nascimento. Todos eles estavam amarrados com correntes e tinham grilhões presos no pescoço, nas mãos e nas pernas. Estavam sentados no chão, apoiando suas costas em um muro que se erguia atrás deles. Não podiam se mexer, nem mesmo girar a cabeça. Viam somente a parede diante deles.

Atrás do muro onde estavam apoiados, havia um corredor com uma fogueira acesa, e, um pouco mais longe, a entrada da caverna, que dava para o exterior. Naquele corredor, havia uma série de objetos visíveis por cima do muro e, devido à iluminação gerada pelo fogo, as sombras desses objetos eram projetadas na parede que os prisioneiros conseguiam ver.

Depois de passar toda uma vida vendo a mesma parede a cada dia, os escravos consideravam como verdade as sombras projetadas. Ignoravam por completo o que ocorria atrás do muro às suas costas e não sabiam da existência da fogueira; estavam convencidos de que as sombras eram a única realidade verdadeira.

Um belo dia, um dos prisioneiros — o mais inquieto e curioso deles — percebeu que podia livrar-se das correntes. Nenhum deles jamais havia tentado isso. Quando ele se levantou do chão, os demais companheiros vociferaram com severidade, exigindo que voltasse a se sentar e ficasse quieto. No entanto, ele não obedeceu e começou a procurar para saber o que mais havia dentro da caverna.

Ao encontrar o corredor detrás do muro, descobriu uma nova realidade, muito mais profunda e completa, que jamais havia conhecido. Ao ver diretamente os objetos e a fogueira, ficou perplexo. No início, não entendeu nada. Entretanto, aos poucos, deu-se conta de que aquilo que observara durante toda a sua vida não era real, mas uma distorção da verdadeira realidade.

Aquela tomada de consciência fez com que ele compreendesse que a sua existência havia sido uma farsa, um engano, uma ilusão, uma ficção... Após o choque inicial, continuou caminhando pelo corredor até que se deparou com uma trilha íngreme, que conduzia à saída da caverna. Bastou ele colocar um pé do lado de fora, e seus olhos entraram em contato com a luz do dia pela primeira vez.

No início, aquela luz lhe provocou uma dolorosa sensação. Por ter passado toda a sua vida na escuridão, a luz do sol queimou e ofuscou a sua vista. No entanto, com o passar das horas, acostumou-se com a luz solar, de tal modo que acabou sendo iluminado por ela. Ao ver com os próprios olhos o vasto mundo que se movimentava do lado de fora, notou que passara toda a vida sendo um escravo, confinado dentro de uma caverna e, justo no instante em que compreendeu aquela verdade incômoda, transformou-se, enfim, em um ser humano livre.

Movido por muito boas intenções, voltou à caverna para libertar seus companheiros de cativeiro. Assim que os viu, contou-lhes a verdade: disse a eles que aquilo que viam na parede eram, na verdade, as sombras projetadas de alguns objetos que estavam atrás do muro e eram iluminados por uma fogueira. Também lhes afirmou que haviam sido enganados durante toda a vida, pois para além da escuridão da caverna existia uma realidade exterior cheia de luz e de cores.

Ao concluir sua revelação apaixonada, o restante dos prisioneiros começou a ridicularizar e a rir daquele ser humano livre. Indiferente às chacotas, insistiu que estava certo e que eles estavam errados e pediu que eles o acompanhassem até o outro lado do muro para que pudessem comprovar por si mesmos e deixar de ser escravos.

Farto daquelas insinuações, um dos prisioneiros conseguiu liberar-se das correntes, pegou uma pedra do chão e atirou-a na cabeça do ser humano livre, assassinando-o. Os outros reféns celebraram sua morte aos gritos e aplausos e continuaram acorrentados com seus grilhões, escravos das sombras projetadas naquela parede pelo resto de suas vidas.[1]

4. Desperte!

Antes de continuar lendo este livro, você tem que tomar uma decisão. Deverá escolher entre tomar a pílula vermelha ou a azul. A primeira representa, simbolicamente, a verdade que pode liberar você da prisão mental na qual sem dúvida vive há muito tempo. A segunda, por sua vez, simboliza as mentiras que a sociedade sempre contou para mantê-lo preso desde o dia do seu nascimento.

Ainda que "a verdade seja amarga no início e doce no final, as mentiras são doces no início e amargas no final".² Esta é a razão pela qual a pílula vermelha tem um sabor desagradável. Ao tomá-la, você despertará da ilusão em que está inconscientemente confinado — também conhecida como *matrix*" — e perceberá que também está em cativeiro, preso por uma série de crenças errôneas e limitantes; compreenderá de que maneira o sistema mantém a sua mente hipnotizada e sequestrada para que se comporte como um escravo.

É importante que você saiba que, no curto prazo, a pílula vermelha provoca efeitos psicológicos muito dolorosos, principalmente porque o leva a conhecer-se a si mesmo com profundidade, questionando o núcleo sobre o qual você construiu a sua identidade, assim como a sua forma de pensar. Se persistir, não se render e seguir indagando dentro de si, esse processo curará você e o transformará com o passar do tempo, permitindo que mude a atitude diante da vida. Mais cedo ou mais tarde, você será libertado das correntes e dos grilhões mentais, experimentando uma sensação de liberdade e plenitude, que fará com que essa viagem de autoconhecimento tenha realmente valido a pena. É nesse momento que compreenderá o que significa "despertar".

Por outro lado, a pílula azul é doce e incrivelmente deliciosa. Ao tomá-la, não poderá continuar a leitura das páginas seguintes. Este livro desaparecerá como num truque de mágica. Amanhã, ao acordar na sua cama, você não se lembrará que esse momento aconteceu e continuará agindo da mesma maneira com que vinha fazendo, sem questionar o molde de pensamento com o qual foi doutrinado.

Desse modo, tomar a pílula azul permitirá que você retome normalmente a vida de escravo. Por não estar consciente dos seus grilhões, você voltará a olhar para o outro lado como se nada tivesse acontecido. Na verdade, poderá continuar enganando a si mesmo, negando qualquer responsabilização pessoal. Seguirá culpando as pessoas de sempre pelos seus problemas e pelo seu mal-estar, acreditando ser uma pobre vítima das circunstâncias.

Cabe mencionar que, em médio e longo prazo, você vai acabar se sentindo impotente e resignado, autoconvencido de que não há nada que dependa de você para mudar a sua situação. No entanto, não se preocupe. Com a finalidade de mantê-lo adormecido e impotente, o sistema fornecerá novas pílulas azuis, que anestesiarão a sua dor e *remendarão* o seu sofrimento até que você não sinta absolutamente nada. Enfim, o que você escolhe: a pílula vermelha ou a azul?

> *A melhor maneira de evitar que um prisioneiro escape é garantir que ele nunca saiba que está encarcerado.*
> Fiódor Dostoiévski

5. Seja um viajante, não um turista

Você já fez o mais difícil: reconhecer que precisa de uma mudança. Do contrário, não estaria mais segurando este livro. Devido à crise sistêmica em que nos encontramos, o autoconhecimento e o desenvolvimento espiritual estão na moda. É importante dizer que essa viagem ao interior pode ser realizada de duas maneiras diferentes: como mais um turista — que é como a maioria faz — ou como um verdadeiro viajante.

As diferenças são muito claras: os turistas têm medo e são um tanto preguiçosos. Então, procuram conforto e segurança. Os viajantes, por outro lado, são corajosos e têm iniciativa. Por isso, querem aventura e liberdade. Os turistas fazem turismo: gostam de seguir um *tour* preestabelecido. Seguem uma agenda fechada, totalmente planejada. Sabem a todo momento quais lugares vão visitar e não se afastam do guia.

Os viajantes, porém, criam a própria rota e seguem a própria trilha. Para isso, contam com um mapa e uma bússola. Ao improvisar e caminhar de forma fluida, em determinadas ocasiões acabam perdendo-se por lugares que sequer sabiam que existiam, o que faz com que a viagem seja muito mais autêntica e excitante. É por esse motivo que os turistas nunca sabem onde estiveram, enquanto os viajantes nunca sabem aonde estão indo. A grande diferença é que os turistas voltam para casa iguais a quando chegaram, já os viajantes retornam transformados.

Acontece exatamente a mesma coisa com a viagem do autoconhecimento. Os turistas espirituais querem tudo fácil e mastigado. Ficam ancorados na teoria. Nunca saem da sua zona de conforto intelectual. Principalmente porque não estão dispostos a questionar suas crenças, desapegar-se do ego nem sentir a dor reprimida que habita o seu interior.

Em outras palavras, não querem entrar no barro, pois têm dificuldade em se sujar e manchar as mãos. Pode ser que olhem para dentro, mas ficam apenas na superfície.

Os viajantes espirituais, por outro lado, estão motivados a entrar no fundo da cova. Agradecem o apoio de um guia, mas não têm medo de ter de fazer isso sozinhos. Estão empenhados em entrar na lama e começar a jogar luz sobre as suas sombras mais escuras, mantendo-se abertos para confrontar a própria ignorância e remover pilares muito profundos da sua psique. Caso a dor apareça, eles a acolhem e abraçam com carinho, pois sabem que isso faz parte do seu processo de cura e de transformação. E você, como está viajando ao seu interior? Como turista ou como viajante?

> *A verdadeira viagem de descobrimento não consiste em procurar novas paisagens, mas em observar com outros olhos.*
> Marcel Proust

6. Minha relação com deus

A esta altura, gostaria de compartilhar brevemente com você como tem sido a minha relação com deus. Faço isso para que você tenha uma ideia de *onde parte* a escrita deste livro. Meus pais eram católicos não praticantes, isto é, comungavam com o catolicismo por uma simples questão de condicionamento e costume. Iam à missa somente quando compareciam a casamentos ou batismos. De fato, fui batizado aos poucos meses de vida, não por convicção, mas por tradição.

Apesar de ter frequentado um colégio laico, desde muito pequeno comecei a acreditar em deus, principalmente porque se tratava de uma crença compartilhada por todas as pessoas que viviam no meu bairro. Aos dez anos, disse aos meus pais que queria fazer a Primeira Comunhão — um ritual em que vários menores de idade recebem a primeira eucaristia, ingerindo diante de um altar o pão e o vinho sacramentados, que simbolizam o corpo e o sangue de Jesus Cristo. É assim que os jovens crentes manifestam seu suposto desejo de estreitar os laços com deus.

Minha mãe se lembra de três coisas daquele dia: que foi a primeira vez na minha vida que usei gravata; que, momentos antes de começar, sem querer empurrei um colega em um reservatório de água que ficava na frente da igreja, e ele teve que ir para casa trocar de roupa; e que, movido pela minha inocência, mastiguei a hóstia com a boca aberta como se fosse uma guloseima, franzindo o cenho em sinal de desagrado na frente de todos os presentes.

Para isso, antes eu tive que fazer um curso de formação de trinta horas denominado "catequese", no qual tentaram — sem muito sucesso — fazer com que eu seguisse o caminho que conduzia a Jesus Cristo. Ele me foi apresentado algumas vezes como "o filho de deus", e repetiram à exaustão que eu devia amá-lo com todas as minhas forças para que ele se transformasse no meu "salvador". No entanto, naquela época, por ser um menino agitado e travesso, eu era indiferente a toda aquela liturgia. Além do mais, devido à minha falta de concentração e ao meu excesso de dispersão, somente consegui memorizar o pai-nosso e os primeiros versos da ave-maria. A única razão pela qual fiz a primeira comunhão foi para festejar depois e ser inundado por outro tipo de graça: os presentes materiais dos meus convidados.

Um ano depois, voltei a estar frente a frente com um membro do clero. Foi durante as férias de verão. Pelo visto, um dos meus últimos atos de mau comportamento havia incomodado demais um dos nossos vizinhos, que eram católicos praticantes. Além de pedir minhas sinceras desculpas pelo comportamento inadequado, exigiram dos meus pais que — como parte da minha redenção — eu fosse ao confessionário da paróquia para expor meus pecados ao padre. E assim eu fiz, obrigado pelos meus progenitores.

Depois de explicar ao pároco católico o que havia acontecido, ele me mandou rezar quinze pais-nossos, dez ave-marias e mais cinco orações cujos nomes não me lembro. A verdade é que não consegui fazê-lo. Em primeiro lugar, pela minha péssima memória. Em segundo e mais importante, porque não vi nenhum sentido naquilo, embora tivesse apenas onze anos. Se eu tinha me arrependido e pedido perdão pelo erro cometido, por que deveria me confessar diante de um padre e rezar todas aquelas orações de maneira mecânica e repetitiva? Aquela foi a primeira e a última vez que me *confessei* em toda a minha vida.

Deixar de acreditar em deus

Ao longo dos oito anos seguintes, minha relação com deus foi toda unidirecional. Eu era um adolescente tão egocêntrico que nunca quis saber dele. Só me lembrava de deus para pedir uma ajuda nas provas e para me aproximar das meninas de que eu gostava. Também o mencionava a cada vez que não conseguia o que queria. Em várias ocasiões, cheguei a maldizer seu nome, entoando o típico lamento vitimista: "Por que comigo?".

Aos 19 anos e por causa de uma série de circunstâncias pessoais muito adversas que tive de enfrentar, acabei indo ao fundo do poço. Inclusive, cheguei a pensar seriamente em suicídio. No entanto, a única coisa que *morreu* foi a crença no deus da Igreja católica, e me transformei em um ateu militante. Claro, como eu estava condicionado a acreditar que um ser mal-humorado, barbudo e vestido de branco vivia entre as nuvens, de repente olhei para o céu com medo de ser atingido por um raio.

Influenciado por filósofos existencialistas, como Friedrich Nietzsche, Jean Paul Sartre, Albert Camus, Emil Cioran e Fiódor Dostoiévski, cheguei à conclusão categórica de que a vida carecia de propósito e sentido. Foi naquela época que abracei a arrogância como minha nova doutrina. De fato, eu ria dos livros de autoajuda e julgava duramente os autores especializados em espiritualidade. Embora tivesse me libertado das crenças religiosas, só consegui fazer isso adotando crenças opostas, mas igualmente limitantes e ineficazes para a construção de uma vida plena.

Não por acaso, o teísmo e o ateísmo são as duas faces de uma mesma moeda cujo valor não é dado pela experiência, mas pela crença. Nenhuma dessas duas correntes de pensamento antagônicas promove a nossa verdadeira liberdade psicológica. As duas nos condenam ao mesmo tipo de escravidão mental: são o mesmo cão com coleiras diferentes. Por isso, apesar de ter me libertado da religião, continuava escravo da ignorância e, consequentemente, da angústia, do vazio e do sofrimento.

Segui assim até os 24 anos, perdido em um labirinto sem saída aparente. Desprezava o mundo dos adultos, estava muito aborrecido com a vida e era um completo desajustado do sistema. Cansado de sofrer, pouco a pouco comecei a questionar o valor que o pensamento niilista tinha para mim. O universo é realmente regido pelo acaso e o caos? Será que não há um propósito transcendente? Enquanto tentava responder esse tipo de indagação, comecei a devorar livros de autores como Erich Fromm, Viktor Frankl, Carl Jung, Hermann Hesse, George Orwell e Aldous Huxley, os quais — percebi mais tarde — faziam uma ponte entre a filosofia ocidental e a oriental.

Uma experiência sem experimentador

Com a mente mais aberta e o coração menos despedaçado, pouco tempo depois me falaram de uma ferramenta de autoconhecimento chamada "Eneagrama da personalidade". Ironicamente, o curso do qual participei para me aprofundar na busca existencial era realizado em um convento de freiras. Apesar da minha grande resistência inicial, aquela experiência significou uma virada na minha vida. Sem dúvida alguma, descobrir o que era o ego e de que maneira ele condicionava e limitava a minha percepção da realidade foi um grande tapa na minha arrogância. Não me lembro de ter chorado tanto.

Reconhecer a própria ignorância é como ingerir uma bebida amarga, mas é necessário para crescer e evoluir como ser humano. Lágrima após lágrima, fui me desfazendo do meu sistema rígido de crenças. Envergonhado, despedi-me da prepotência, inclinando-me voluntariamente de joelhos para adotar a humildade como filosofia de vida. A única coisa que sabia era que não sabia nada. Olhei-me no espelho e disse: "Não sei de onde venho. Não sei quem sou. Também não sei aonde vou". Paradoxalmente, senti um grande alívio interno.

Esse foi o começo de uma nova etapa no meu caminho de aprendizagem. No dia seguinte, deixei de ler Nietzsche e comecei a me interessar pelos ensinamentos de Dalai Lama, Anthony de Mello, Sri Râmana Mahârshi, Eckhart Tolle ou Jiddu Krishnamurti. Apenas um ano depois — em 19 de março de 2006, às duas da madrugada —, tive uma experiência mística que mudou para sempre a minha maneira de ver e compreender a vida. Sei que minhas palavras podem parecer fruto de esoterismo e drogas, mas garanto que, aos 25 anos, eu renasci.

Como sempre, eu estava trancado no meu quarto, lendo pela primeira vez os ensinamentos de Gerardo Schmedling, especificamente *La aceptología* [A aceitologia]. Aquele texto dizia coisas sobre o funcionamento do universo que se chocavam com tudo o que haviam me ensinado. Tanto é que, no início, senti-me muito incomodado e fiquei na defensiva. No entanto, à medida que avancei na leitura, entrei em estado profundo de serenidade e quietude interior — uma sensação nova e desconhecida para mim.

Em dado momento, alguma chave virou dentro de mim, e senti uma corrente poderosa de eletricidade percorrer todo o meu corpo, da base das costas até o alto da cabeça. Aquele calafrio extraordinário fez a minha cabeça explodir.

Em questão de segundos, o quarto todo ficou inundado de luz. De repente, havia ali um rastro de Borja Vilaseca, foi uma experiência sem experimentador. Só era possível sentir uma imensa sensação de amor, paz e felicidade. Mas não havia ninguém para sentir!

Aquele estado de consciência se prolongou por um mês e meio. Era impossível me perturbar, porque não havia ninguém ali que se perturbaria. A todo instante, havia uma "consciência--testemunha", que via de fora como um tal Borja vivia aquilo que acontecia a cada instante. No entanto, em nenhum momento pareceu existir um *eu* separado. A mente estava totalmente aquietada, e não sobrava nenhum rastro do ego que havia me feito sofrer tanto de ansiedade e angústia no passado.

Lembro-me de passar horas e dias inteiros sentado no banco de um parque próximo à minha casa — fazendo nada —, respirando conscientemente e sentindo uma conexão profunda com deus, a vida, o universo ou como você preferir chamá-lo. Não conseguia parar de chorar de felicidade... E durante todo aquele período de bem-estar e extrema lucidez permanentes, o amor regia toda e cada uma das minhas atitudes e condutas, dando sempre o melhor de mim para cada pessoa e situação em que me encontrava. No entanto, o mais irônico é que em nenhum momento senti que eu era o autor de tais ações. Simplesmente sentia como a vida me vivia.

Reconectar-se com a dimensão espiritual

Com o tempo, lenta, mas paulatinamente, fui voltando ao meu estado de consciência ordinário e habitual, identificando-me de novo com o ego. Entretanto, algo havia mudado para sempre. Aquela experiência maravilhosa deixou em mim um vislumbre de verdade, um pouco de sabedoria e uma marca indelével de amor no meu interior. Enquanto escrevo estas linhas, lembro-me dela como se tivesse acontecido ontem. E é impossível que algum dia me esqueça dela.

Foi assim que comecei a separar o joio do trigo, isto é, a discernir entre a religião e a espiritualidade. Seis anos depois de matar o deus-crença na minha mente, nasceu o deus-experiência no meu coração. Não é que acredite nessa força invisível e criadora, eu sei que ela existe porque a experimentei. Por causa daquele despertar, reconectei-me com a minha dimensão espiritual e só uns meses depois comecei a ministrar meus próprios cursos de autoconhecimento. Queria compartilhar com outros buscadores o que estava me transformando pessoalmente.

Além disso, imergi na essência compartilhada por todas as tradições espirituais do Oriente, como o hinduísmo, o budismo, o taoismo, o zen e a advaita. Apesar de todos os preconceitos que havia adquirido durante a minha fase niilista e ateísta, li a Bíblia e os Evangelhos, tanto os oficiais quanto os não oficiais. Foi então que percebi que todos os grandes místicos da história da humanidade compartilham uma mensagem universal, que não tem nada a ver com as instituições religiosas erguidas em seus nomes.

Para me destacar do meu entorno social e familiar, comecei a deixar meus cabelos e minha barba crescerem descuidados. Também comecei a calçar sandálias com meias e andar vestido somente com calças *thai* e uma camisa de linho com listras das cores mais variadas. E, claro, fui várias vezes à Índia para aprender os fundamentos da meditação, da contemplação e da ioga. Nessa época, o ego espiritual se apoderou de mim e fez com que eu me sentisse superior por formular questões transcendentais que a maioria negava ou desconhecia...

Anos mais tarde, voltei a ter alguma reminiscência daquela sensação de dissolução de limites e profunda conexão com a vida. Dessa vez, por meio da experimentação de substâncias psicodélicas, como o ácido lisérgico (LSD), os cogumelos alucinógenos e o chá ayahuasca. Embora tenham servido para continuar abrindo a mente e expandindo a consciência, nenhuma dessas experiências pode ser comparada à que tive de maneira natural aos 25 anos.

Enfim, muitas águas rolaram desde então. E guiado por grandes sábios, como Siddhartha Gautama, o "Buda", Lao Tsé, Adi Shankara, Sócrates, Lúcio Aneu Sêneca ou Jesus de Nazaré, aprendi a priorizar a experiência em detrimento da crença, transformando-me em um autêntico discípulo da vida. Embora, hoje em dia, já não procure a iluminação, de vez em quando volto a sentir a felicidade que vem quando desaparecem a mente, o ego e o pensamento, em plena fusão com o instante presente.

Já se passaram mais de quinze anos desde que despertei. E se eu pude ter certeza de alguma coisa ao longo desse tempo é que as coincidências não existem. Também comprovei que tudo o que nos acontece é oportuno para continuarmos crescendo, aprendendo e evoluindo. Depois de me esconder no armário espiritual por muitos anos, saio dele com este livro para compartilhar meu pequeno testemunho de vida. Abraçar a espiritualidade laica é, sem dúvida, a experiência mais disruptiva, transformadora e revolucionária que pode acontecer a qualquer ser humano. Principalmente porque nos leva a sentir — ainda que seja só por um instante — uma profunda sensação de união, conexão e comunhão com a vida que vai além da lógica, da razão, dos conceitos e da linguagem. Além disso, depois dessa experiência nada voltará a ser a mesma coisa, embora tudo permaneça igual. Tomara que você tenha a sorte de experimentá-la.

Deixe de acreditar em deus: viva-o!
WILLIGIS JÄGGER

Primeira Parte
Uma religião sem espiritualidade

UMA RELIGIÃO SEM ESPIRITUALIDADE	O DESPERTAR DA CONSCIÊNCIA	UMA ESPIRITUALIDADE SEM RELIGIÃO
Velho paradigma	*Mudança de paradigma*	*Novo paradigma*
Eu ilusório (ego)		Verdadeira essência (ser)
Identificação com a mente (maya)		Consciência-testemunha (*atman*)
Sensação de separação e desconexão		Sensação de unidade e conexão
Condicionamento religioso		Experiências transformadoras
Teísmo (deus criou o universo)		Panteísmo (deus é o universo)
Deus está fora (deus-crença)		Deus está dentro (deus-experiência)
Instituições religiosas		Escolas de desenvolvimento espiritual
Com intermediários religiosos		Sem intermediários
Jesus Cristo como "filho de deus"		Jesus de Nazaré como "filósofo revolucionário"
Fiéis adormecidos e desempoderados		Viajantes despertos e empoderados
Rituais e sacrifícios		Autoconhecimento e desenvolvimento espiritual
Religião, ateísmo e niilismo	Crise espiritual	Espiritualidade laica
Crentes, agnósticos e ateus		Buscadores espirituais
Teologia		Misticismo
Reza e oração		Meditação e contemplação
Idealização de santos e mártires		Aprendizagem de sábios e filósofos
Dogmatismo e fanatismo		Respeito e tolerância
Psicologia convencional		Psicologia transpessoal
Universo caótico		Universo regido por leis
Acaso e coincidência		Sincronicidade e causalidade
Injustiça		Correspondência
Sem sentido e intranscendente		Sentido e transcendência
Medo de ir para o inferno		Inferno como metáfora psicológica
Desconfiança da vida		Confiança na vida
Vazio e sofrimento		Completude e felicidade
Tensão e controle		Fluidez e entrega

III

O VERDADEIRO PECADO ORIGINAL

> Todas as misérias da humanidade devem-se a uma coisa só: sermos incapazes de ficar em um quarto sentados, sozinhos e em silêncio.
> BLAISE PASCAL

EM UM PASSADO MUITO DISTANTE, os seres humanos éramos deuses, mas, devido à nossa infantilidade, abusamos tanto dos nossos privilégios que a vida, o universo, deus — ou como queiramos chamá-lo — tirou esse poder de nós e decidiu escondê-lo no lugar onde menos procuraríamos e, portanto, fosse o mais difícil de encontrar. Com isso, a vida queria que nos reconectássemos com a nossa divindade quando tivéssemos amadurecido de verdade.

"Vamos enterrar o poder da divindade debaixo da terra!", sugeriu um membro do seu comitê de conselheiros. "Já vejo que ignorais como são os seres humanos", respondeu o universo. "Eles explorarão, escavarão e destruirão a terra até que um dia

topem com o esconderijo." Em seguida, outro de seus conselheiros complementou: "Então, vamos lançá-lo ao fundo dos oceanos". Deus voltou a negar com a cabeça. "Não me convence, pois sei por experiência que não sabem ficar quietos. Também procurarão ali", disse por fim.

"E se o escondermos na Lua?", propôs outro conselheiro. A vida gargalhou. "Chegarão ali também. Os seres humanos gastarão uma fortuna em naves para conquistar o espaço." O comitê de conselheiros ficou em silêncio, sem saber o que dizer. "De acordo com as suas afirmações, não existe lugar debaixo da terra, nem no fundo dos oceanos, nem na Lua onde os seres humanos jamais iriam olhar", um deles afirmou cabisbaixo.

Depois de escutar essas palavras, o universo teve uma revelação. "Já sei! Esconderemos o poder da divindade no mais profundo dos seus corações, pois é o único lugar onde muito poucos terão a ideia de procurar". E, assim, desde a origem dos tempos, a humanidade conquistou a natureza e explorou o espaço sideral, procurando inconscientemente algo guardado em seu interior.[1]

7. O umbigo do mundo

Quando olhamos o estado atual em que a humanidade se encontra, é difícil não nos perguntarmos: por que há tanta guerra, fome e pobreza? Por que reinam a violência e a destruição? Por que as relações humanas em geral são conflituosas? E, por fim, por que há tanto sofrimento no mundo? A partir de uma perspectiva cristã, todos esses sintomas procedem por uma causa comum: o "pecado original".

De acordo com o livro sagrado judaico-cristão — a Bíblia —, a origem da nossa corrupção como espécie começou no Jardim do Éden. Nesse paraíso, surgiram Adão e Eva, que viviam nus e felizes. Eram os dois primeiros humanos criados por deus. Ainda que fossem livres para fazer o que quisessem, foram proibidos de uma coisa só: comer o fruto da árvore do conhecimento do bem e do mal, simbolizado por uma maçã.

No entanto, um dia apareceu uma serpente — a qual representa o diabo —, que os tentou para que pecassem. Ao morder um pedaço da maçã, o estado de inocência deles desapareceu. De repente, Eva e Adão se sentiram envergonhados por estarem nus e, ao desobedecerem a deus, foram expulsos do Jardim do Éden. Como consequência de ter começado a viver nesse estado de pecado original, a humanidade perdeu também a sua condição paradisíaca essencial. Foi precisamente o fato de terem se desviado e se afastado da vontade divina o que provocou a aparição do resto dos pecados. Por isso, para o cristianismo, somos todos "pecadores".

Mas o que exatamente significa essa palavra? Do ponto de vista etimológico, "pecado" deriva do latim *peccatum*, que quer dizer "delito, falha ou ato de culpa". Por sua vez, em aramaico (*khata*), hebraico (*jattá'th*) e grego (*hamartia*) — os três idiomas em que a bíblia foi escrita —, significa "errar no sentido de não alcançar uma meta, falhar em um objetivo ou não acertar exatamente no alvo".

Além da conotação religiosa e moral, "pecar" não é nada mais do que "errar". De fato, o "pecado original" alude ao primeiro e maior erro que todos os seres humanos cometemos no momento do nosso nascimento. Trata-se de uma experiência psicológica que acontece durante o parto. E não há nada que possa ser feito para evitá-lo.

A FERIDA DA SEPARAÇÃO

Antes de nascer, cada um de nós vive dentro do útero materno, uma espécie de lugar relaxante onde nos sentimos fundidos e conectados. Esse sentimento é conhecido como "estado oceânico", em referência à gota de água que se funde com o oceano e que é caracterizada pela sensação de *ser um com o todo*.

É assim que os bebês se sentem enquanto flutuam no líquido amniótico, já que, enquanto estamos dentro do útero, não temos a noção de ser um *eu* separado. Não distinguimos entre nossa mãe e nós. Ao contrário, somos inundados por um sentimento de imensidão sem limites, fronteiras ou barreiras. Nesse estado, somos tudo o que existe. Não há nenhum tipo de separação. Nos sentimos em união com a vida.

No entanto, tudo muda durante o parto, quando literalmente nos desprendemos da nossa mãe. Essa é, sem dúvida, a nossa primeira experiência próxima da morte. Após nove meses vivendo no nosso jardim do Éden particular, somos expulsos do paraíso. Depois de cortar o cordão umbilical, que nos une à placenta da nossa progenitora, começamos a sentir a dolorosa ferida da separação.

De repente, inspiramos nosso primeiro sopro de ar, estreando assim nossos pequeninos pulmões. Sentimos frio, medo e fome. É nesse momento que o estado oceânico desaparece e deixamos de nos sentir unidos e conectados.

Ao contrário, começamos a existir como seres separados. A partir desse instante, começamos a olhar erroneamente para fora, na esperança de que algo ou alguém nos devolva nosso paraíso perdido. Entretanto, no trajeto, perdemos o contato com o ser essencial que habita no lugar mais profundo do nosso coração e a partir do qual podemos voltar a nos sentir fundidos com a existência.

Esse trauma de nascimento nos acompanha pelo resto da nossa vida. E para que nunca nos esqueçamos dele, levamos a nossa primeira cicatriz como recordação: o umbigo. Não por acaso utilizamos expressões como "olha para o próprio umbigo" ou "o mundo gira ao redor do seu umbigo" em referência àquelas pessoas extremamente egocêntricas que acreditam ser o centro do universo. No fundo, estão falando do verdadeiro pecado original: a identificação progressiva e inevitável com o ego, um fenômeno psicológico que nos leva a padecer uma ilusão cognitiva: a de nos sentirmos separados.

Em geral, a imensa maioria de nós está profundamente dividida. É nesse estado de separação que erramos — do início ao fim — na nossa maneira de viver, de interpretar e de nos relacionarmos com a realidade. A crença de que *somos um eu separado* é a causa subjacente que gera o restante dos erros nas distintas áreas e dimensões da nossa vida. Este é o motivo pelo qual há tanto conflito e sofrimento no mundo.

Ainda que seja difícil de entender intelectualmente, a verdade é que não somos um *eu*. Não estamos separados do universo. Depois que retiramos o véu das aparências — através do qual fragmentamos a realidade —, percebemos que não existe tal separação. Principalmente porque a existência é uma só. Para além das formas, no fundo somente existe a unidade. No instante em que nos reconectamos com o ser essencial — e voltamos a nos sentir unidos e conectados —, nossas adversidades desaparecem imediatamente e somos inundados por um estado de felicidade absoluta.

Rio quando ouço que o peixe na água está com sede.
KABIR

8. A DITADURA DO EGO

No momento do nascimento, nosso cérebro ainda não está totalmente desenvolvido. Nem nos bastamos fisicamente, nem somos autossuficientes em nível emocional. De fato, passarão alguns anos até que possamos fazer uso da razão, e outros bons anos para estarmos conscientes e sermos capazes de nos auto-observarmos, a fim de conquistarmos nosso diálogo interno. Até então, somos dependentes dos nossos cuidadores.

Essa situação de dependência e vulnerabilidade extremas ativa o nosso instinto de sobrevivência: o ego. No âmbito da religião cristã e católica, ele é conhecido como "diabo" ou "demônio". Também é chamado de "Satanás". Na verdade, por ser considerado o vilão do filme, somos estimulados a matá-lo... No entanto, nosso processo de cura e de transformação para nos reconectarmos com a nossa verdadeira essência não passa pela demonização nem pela destruição do ego. Em vez disso, consiste em compreender como ele funciona e de que maneira nos manipula. Principalmente porque só assim poderemos aceitá-lo, integrá-lo e transcendê-lo, libertando-nos de sua influência psicológica nociva.

Então, o que é o ego? Trata-se de uma palavra latina que significa "eu". É um mecanismo de defesa que vamos desenvolvendo inconscientemente para sobreviver ao abismo emocional que são os primeiros anos da nossa existência. É dessa forma que tentamos nos proteger, desesperadamente, da dor angustiante causada pela experiência ferida da separação. Quando nos desconectamos do ser essencial — e, portanto, do estado oceânico em que nos sentíamos fundidos com a vida —, o ego é um remendo que nos permite ir vivendo.

Esse *eu* ilusório tem oito características principais. A primeira é a "ignorância". O ego ignora uma verdade fundamental: o que somos em realidade é esse ser essencial com o qual perdemos o contato ao nascer. Não por acaso, somos condicionados pelo nosso entorno social e familiar desde o dia do nosso nascimento e, por meio do sistema de crenças limitantes que vamos adquirindo, acabamos construindo uma mentalidade pré-fabricada. Quando nos identificamos com o ego, passamos por cima de algo muito óbvio: a nossa percepção não é neutra nem objetiva, mas totalmente subjetiva. É nesse instante que confundimos a realidade — o que é — com a distorção que fazemos da realidade com base nas lentes egoicas do lugar onde nos percebemos.

A segunda característica deste mecanismo de defesa é o "egocentrismo". Desde a nossa mais tenra infância, ele nos transforma no centro do nosso pequeno universo. Por isso, leva-nos a utilizar os pronomes "eu", "mim", "me", "comigo", "meu"... Sob o encanto desse *eu* ilusório, esperamos que nossas necessidades sejam atendidas, que nossos desejos sejam satisfeitos e que nossas expectativas sejam cumpridas. Além disso, claro, esperamos que todos nos beneficiem e que ninguém nos prejudique. Quando estamos cegos pelo ego, não vemos ninguém além de nós mesmos. Esse é o motivo pelo qual tomamos tudo o que acontece conosco como algo pessoal.

A terceira característica principal é a "infelicidade". Quando nos identificamos com o ego, é impossível compreendermos que tudo aquilo de que precisamos para nos sentirmos em paz está em nosso interior. Tampouco sabemos que o único amor de que precisamos é o que podemos dar a nós mesmos. Essa é a razão pela qual acreditamos que o bem-estar e o afeto devem vir de fora. Do ego também surge o apego, ou seja, a crença de que alguém ou algo externo é a causa da nossa felicidade. Por isso, este *eu* fictício nos transforma em mendigos emocionais, esperando que os outros nos amem para voltar a nos sentirmos completos. No entanto, nada nem ninguém pode preencher o enorme vazio que sentimos quando estamos desconectados da nossa verdadeira essência. Por isso, sempre desejamos mais do que temos, permanecendo em um estado crônico de insatisfação.

Adultos infantis

A quarta característica deste instinto de sobrevivência é a "infantilidade", no sentido mais pejorativo da palavra. O que geralmente acontece quando não damos a uma criança o que ela quer? Ela desaba a chorar desconsoladamente, gritando e se debatendo como se fosse o fim do mundo.

Embora expressem um olhar doce e angelical, as crianças podem agir como verdadeiros ditadores, tratando os pais como se fossem seus súditos. Do mesmo modo, quando nos identificamos com o ego, em muitas ocasiões, nós adultos nos comportamos como crianças e sofremos por não conseguir o que queremos.

A quinta característica deste escudo protetor é a "reação". De fato, quando nos identificamos com o ego, vivemos em uma prisão psicológica. A cada vez que acontece algo que atenta contra a nossa sobrevivência física ou emocional, reagimos por impulso. Não escolhemos reagir. Pelo contrário, a reação é disparada automaticamente, provocando uma perturbação pela ingestão de uma dose de veneno. Desse modo, por não controlarmos nossas reações emocionais, nos transformamos em escravos das nossas circunstâncias.

A sexta característica é o "vitimismo". Quando estamos tiranizados pelo ego, ficamos convencidos de que os outros são a causa do nosso sofrimento. Essa é a razão pela qual, a cada vez que somos perturbados, temos a tendência a nos vitimizarmos, a reclamar e a sempre culpar algo ou alguém pelo nosso mal-estar. Em nenhum momento assumimos nossa parte de responsabilidade. Não chegamos a pensar que a causa real do nosso sofrimento não tem tanto a ver com o *fato*, mas com a reação egoica desencadeada mecanicamente diante do fato. Por isso, em geral, queremos mudar os outros e a realidade, acreditando que assim conseguiremos, enfim, sentirmo-nos bem conosco.

A sétima característica principal é a "farsa". O ego é um conceito falso de identidade, um *eu* ilusório criado por conceitos, pensamentos e crenças desgastados. Por estarmos afastados da nossa verdadeira identidade — o ser essencial cujo contato perdemos ao nascer —, acreditamos que somos a nossa "personalidade". Não é por acaso que a palavra *persona*, em latim, significa "máscara". Assim, o ego é um disfarce que usamos para fazer com que *algo* externo — seja o que for — resolva nosso conflito interno, aplaque nosso medo e apazigue nossa dor. No entanto, a única coisa que ele consegue é transformar nossa vida em uma farsa representada nesse grande teatro denominado "sociedade".

O oitavo atributo é a "inconsciência". Enquanto nos identificamos com o ego, não percebemos que estamos nesse estado. Somos inconscientes de todos esses padrões e mecanismos de defesa, incluindo a nossa própria inconsciência. Certamente, também não queremos saber isso, pois envolveria fazer o que mais tememos: questionar os pilares sobre os quais construímos nossa identidade pré-fabricada. Na verdade, para o ego não é nem um pouco interessante que sejamos conscientes de sua existência. Principalmente porque seria o início do fim da sua ditadura. Por isso, ele faz o que for possível para nos manter adormecidos, alienados e desempoderados.

Em suma, "o ego é a mente não observada que dirige nossa vida quando não estamos presentes como observadores".[2] É nesse momento que nos percebemos — erroneamente — como um *eu* separado da realidade que observamos. Sermos conscientes de como esse ditador interno opera é o primeiro passo para sair da ilusão, da armadilha e do engano aos quais ele nos mantém sujeitos. Saber como seus diferentes mecanismos funcionam é o que nos permite deixar de nos identificarmos com ele. Por isso, para despertarmos, é fundamental que notemos quando esse impostor se apodera de nós. Essencialmente porque não somos o diálogo que ouvimos em nossa cabeça, mas o ser que escuta esse diálogo.[3] Da mesma maneira que não podemos lutar contra a escuridão, é impossível batalhar com o ego e vencer. Nesse caso, a *batalha* é vencida ao acender a luz.

> *O nível de sofrimento da sua vida é*
> *proporcional ao tamanho do seu ego.*
> ECKHART TOLLE

9. O PODER DAS CRENÇAS

No momento do nascimento, cada um de nós é um ser puro, inocente e imaculado; uma criança desprovida de nome, idioma e sotaque. Nosso cérebro, ainda em formação, está limpo de influências e condicionamentos externos. Inclusive, logo após nascer, nossa mente é como uma *tabula rasa*, uma expressão latina que faz alusão a uma "tábua de cera sem nenhuma inscrição", isto é, uma folha em branco, livre de crenças, dogmas, doutrinas e ideologias.

Ainda assim, embora nossa mente esteja vazia de ideias no dia do nosso nascimento, não significa que venhamos ao mundo vazios por dentro. Muito pelo contrário: abrigamos um fruto em potencial no nosso interior. Esse é o motivo pelo qual os recém-nascidos têm formato de semente. É o que eles são. A nossa essência contém certos atributos originais e traços únicos que "vêm de fábrica" são inatos. Cada um de nós nasce com um potencial imenso para descobri-los, desenvolvê-los e manifestá-los.

No entanto, devido às condições meteorológicas que nos acompanharam durante a nossa infância, em muitos casos essa semente acaba não florescendo nunca, e a vida passa sem receber nosso fruto. Não por acaso as escolas tecnicistas se assemelham a estufas onde um único tipo de flor é cultivado e produzido. Em vez de identificar, respeitar e potencializar nossas qualidades inerentes, somos *educados* para termos os mesmos pensamentos e comportamentos. Por isso, diz-se que "um adulto livre, autêntico e criativo é uma criança que sobreviveu ao sistema educacional".[4]

Enquanto isso, nossos pais — fazendo o melhor que podem — começam a projetar inconscientemente sobre nós a sua forma de ver a vida. Isto é, a fazer a mesma coisa que seus progenitores fizeram um dia com eles. Em paralelo e por meio dos "neurônios-espelho", nós, os filhos, começamos a imitar suas atitudes, condutas e comentários mais frequentes. Como resultado, a semente essencial com a qual nascemos fica sepultada sob uma lápide de condicionamentos que nos afastam do ser que somos de verdade.

Para recuperar o contato com a nossa verdadeira essência, não nos resta outro remédio a não ser descascar umas tantas camadas de cebola, um processo árduo que nos faz chorar em várias ocasiões. É por isso que a maioria das pessoas jamais questiona o sistema de crenças com o qual cocriou, inconscientemente, uma identidade falsa e pré-fabricada.

Ao ignorar quem somos de verdade, começamos a vincular nossa identidade a algo externo que na verdade não somos, fazendo com que nosso bem-estar e nossa felicidade dependam disso. Esse processo de identificação nos leva a crer erroneamente que somos nosso corpo, nossa mente, nossas crenças, nossos pensamentos e nossas emoções. Também nos leva a acreditar que somos nosso nome, nossa nacionalidade, nossa religião, nosso partido político, nosso time de futebol, nosso título universitário, nosso cargo profissional, nosso perfil nas redes sociais, nossa família, nossos companheiros, nossos filhos, nossos amigos e, inclusive, o que as pessoas pensam de nós.

Pelo fato de nos identificarmos com todos esses aspectos externos, estamos convencidos de que só seremos felizes se fizermos com que cada um deles seja de determinada maneira. Por estarmos desconectados do interior, a partir do ego tentamos controlar e mudar o exterior para que ele se adapte aos nossos desejos, necessidades e expectativas. Consequentemente, nossa existência acaba ficando marcada pela luta, pelo conflito e pelo sofrimento.

O QUE VOCÊ CRÊ É O QUE VOCÊ CRIA

Então, o que é uma crença? É um programa mental — ou pacote de informações — que habita nossa cabeça. Cada crença age como um GPS interno, uma espécie de navegador existencial, a partir do qual interpretamos a realidade e nos movimentamos por ela. Nosso sistema de crenças não só condiciona nossa maneira de perceber o mundo, mas também o tipo de pensamentos que surgem em nossa mente. Também influencia as emoções que sentimos, as decisões que tomamos, as atitudes que adotamos e os comportamentos que manifestamos. Em suma, determina os resultados que colhemos nas diversas áreas da nossa existência.

Embora nossas crenças sejam invisíveis, elas são extremamente poderosas: são o gérmen a partir do qual cocriamos nossa realidade e nossa experiência de vida. Criamos aquilo em que acreditamos — simples assim. Por essa razão, é tão importante que as questionemos. Essencialmente, porque a maioria das ideias nas quais acreditamos de forma inconsciente são ideias falsas e limitantes. Elas não foram escolhidas por livre e espontânea vontade nem foram comprovadas por experiência própria.

Muitas das coisas em que acreditamos, incluindo a nossa visão religiosa ou ateia da vida, nos foram impostas durante a nossa mais tenra infância. Por sermos crianças inocentes e dependentes, em geral, endeusamos os adultos, especialmente nossos pais. Pelo fato de não podermos adotar uma atitude cética nem um pensamento crítico, acreditamos em tudo aquilo que nos contaram a respeito de deus e do universo. Devido a esse processo de condicionamento — o qual continuamos chamando de "educação" —, desenvolvemos uma determinada "cosmovisão", isto é, uma maneira rígida de ver, compreender, interpretar e nos relacionarmos com o mundo.

Por que a maioria das pessoas que nascem em um ambiente cristão se consideram cristãs? E por que, por outro lado, a maioria das que crescem em uma comunidade muçulmana identificam-se com o islã? Por acaso tiveram escolha? Na verdade, ninguém nasce seguindo determinada religião. De fato, nenhum de nós é cristão, judeu, muçulmano, agnóstico ou ateu. Só as nossas mentes podem ser.

Que crenças religiosas teríamos hoje se tivéssemos nascido em um país com uma cosmovisão religiosa diferente daquela do entorno familiar e social ao qual fomos condicionados? Ainda que o ser essencial permanecesse o mesmo — inocente e imaculado —, nossa mente estaria governada por um sistema de crenças muito diferente. O que teria acontecido se, em vez de nascer na Espanha ou em algum país latino-americano, tivéssemos nascido na Arábia Saudita? Em vez de pensar e falar em espanhol ou português, o faríamos em árabe. Em vez de admirar Jesus Cristo, seríamos seguidores fiéis de Maomé.

Tornar-se ateu, por outro lado, não é nada mais do que renegar um sistema de crenças teístas para abraçar um polo oposto e contrário: um sistema de crenças ateístas. No entanto, a mente do ateu ainda está escravizada por pacotes de informações baseados em teorias e suposições racionais. Desse modo, ele pode ir além, esvaziando sua cabeça de ideias preconcebidas para reconectar-se com a dimensão espiritual que está além da linguagem e dos conceitos.

A verdadeira espiritualidade não tem nada a ver com as crenças que vêm de fora, mas com as experiências que vêm de dentro. Apesar de todos nós termos sido doutrinados de alguma ou de outra maneira, toda essa programação fica registrada no ego. Nossa verdadeira essência sempre permanece intacta à influência externa. Nada nem ninguém pode acessar o ser essencial, apenas nós mesmos. Principalmente porque essa *porta* só pode ser aberta pelo lado de dentro.

> *Se as portas da percepção estivessem limpas,*
> *tudo apareceria para nós tal como é: infinito.*
> WILLIAM BLAKE

10. O LABIRINTO DA MENTE

O ego e as crenças são veiculados pela mente — um instrumento com um poder espetacular. É claro que, dependendo de como for utilizada, ela pode nos ajudar a cocriar uma vida extraordinária ou transformá-la em um caco. Pelo fato de estarmos habituados a viver de maneira inconsciente, não a usamos por inteiro, mas ela nos usa. De fato, nos identificamos tanto com a mente que sequer sabemos que somos seus escravos.

Por mais que sejam confundidos um com o outro, o cérebro e a mente são duas coisas muito diferentes. O primeiro é um órgão tangível e material, enquanto a segunda é intangível e imaterial. De todo modo, a mente é um instrumento com seis funções principais. Para explicar cada uma delas, vamos imaginar que estamos participando de uma conferência sobre a mente ministrada por uma neurocientista chamada "Maria".

"Maria está dando uma conferência sobre a mente", poderíamos pensar. Aqui é onde entra a primeira faculdade: a "percepção". Trata-se da capacidade de descrever, narrar, rotular e fragmentar a realidade da maneira mais objetiva e neutra possível. A segunda habilidade é a "interpretação", que nos leva a um terreno mais objetivo e especulativo, tirando suposições do tipo: "Maria está dando uma conferência sobre a mente porque adora compartilhar suas experiências e reflexões"; "Maria está dando uma conferência sobre a mente para fazer uma lavagem cerebral nas pessoas"; ou "Maria está dando uma conferência sobre a mente para dotar as pessoas de ferramentas úteis que as ajudem a melhorar suas vidas".

A terceira capacidade é a "avaliação", a partir da qual opinamos, julgamos e moralizamos aquilo que vemos, caindo em uma dualidade baseada no bem e no mal. "Maria está dando uma conferência ótima sobre a mente. Nota-se que ela sabe muito sobre o tema", poderíamos considerar. Ou ao contrário: "Maria está dando uma conferência péssima sobre a mente. É mais uma charlatã da pseudociência". Por outro lado, existe outra característica: a "reflexão", que nos permite analisar, teorizar, racionalizar e conceituar, pensando coisas como: "A mente humana é um universo em si; parece ter um componente alienígena".

A quinta habilidade é a "memorização", por meio da qual podemos nos lembrar do passado: "Falando de alienígenas, nunca me esquecerei da primeira vez que vi *E.T., O extraterrestre*". A sexta é a "imaginação", com a qual podemos fantasiar, sonhar ou visualizar o futuro: "Tenho certeza de que algum dia a humanidade terá contato direto com alguma civilização alienígena". Depois de ler estas últimas linhas, pode ser que, agora mesmo, você esteja se perguntando — você não, a mente — como acabamos falando de extraterrestres...

Este livro não existe

Apesar das habilidades incríveis que esse instrumento nos dá, ele nos leva a perder de vista a verdadeira realidade que acontece diante dos nossos olhos. Enquanto estamos presos no labirinto da mente — percebendo, interpretando, julgando, refletindo, recordando ou imaginando —, deixamos de estar em contato com o que é verdadeiramente real.

Voltemos ao exemplo da Maria, a neurocientista que está dando uma conferência. É realmente isso o que está acontecendo? Se tiramos a mente desse momento, o que está acontecendo de verdade? Caso um alienígena — sem mente humana — estivesse presente em tal conferência, ele veria apenas um ser emitindo sons. Não veria nem rastro de "Maria", nem de "neurocientista", nem de "conferência", nem de "mente". Veria somente uma criatura balbuciando sons. Todo o restante existe apenas na nossa mente.

Da mesma maneira, estas palavras que você está lendo agora não existem. Na verdade, são um mero conjunto de símbolos e signos que coloquialmente chamamos de "letras". Ao serem filtradas pela nossa mente, são lidas como "palavras" que, por sua vez, formam "frases", às quais damos sentido e significado em nossa mente. Sem ir mais longe, vejamos como é escrita a palavra "verdade" em idiomas que não empregam o alfabeto indo-europeu, mas que contam com seus próprios "logogramas" autóctones: "真相" (em mandarim), "सत्य" (em híndi), "قِقَةٌ" (em árabe), "진실" (em coreano), "እውነት" (em amárico), "шындық" (em cazaque), "အမှန်တရား" (em birmanês)...

Uma vez que nossa mente foi codificada em uma língua latina, somos incapazes de dar significado a esses símbolos e signos desconhecidos, estranhos e distantes para nós. Em nenhum deles vemos nem lemos "verdade". Ao contrário, percebemos uma série de garranchos estranhos carentes de sentido. A mesma coisa acontece com um chinês, um indiano, um árabe, um coreano, um etíope, um cazaque e um mianmarense quando leem a palavra "verdade" escrita em português. Por isso, não é descabido afirmar que este livro não existe. Ele só tem lugar na sua mente.

> *Você vive prisioneiro em um mundo imaginário criado pela sua mente.*
> NISARGADATTA MAHARAJ

11. A FICÇÃO DO PENSAMENTO

"Penso, logo existo".[5] Essa afirmação expressa um dos erros mais fundamentais da nossa condição humana, pois equipara o pensamento com o ser e a identidade com o pensar. Em outras palavras, confunde o ego com nossa verdadeira essência. No entanto, no instante em que percebemos que estamos pensando, essa consciência é parte do pensar. Mas, por estarmos tão identificados com a mente, acreditamos erroneamente que somos o *eu* que pensa, aquele que nos faz acreditar que estamos separados da realidade sobre a qual está pensando. Visto que a mente nunca se cala, nos convencemos de que somos a voz tagarela que escutamos na cabeça. É assim que o ego finge ser nós, produzindo — sem que nos demos conta — uma substituição de identidade.

Embora ninguém saiba exatamente de onde vêm os pensamentos, acredita-se que surjam dos impulsos eletrônicos gerados pelo cérebro através dos neurônios. O que se sabe, com certeza, é que aquilo em que acreditamos influencia o que pensamos, e o que pensamos determina aquilo em que acreditamos. Pensamentos e crenças se relacionam por meio de uma porta giratória. Assim, um pensamento repetido muitas vezes — e sustentado no tempo — acaba tornando-se uma crença, e uma crença muito arraigada na nossa mente estimula a aparição de uma série de pensamentos que a reafirmam.

Então, o que é um pensamento? Trata-se da representação mental de uma suposta realidade. Os pensamentos são irreais e carecem de substância. Não podemos tocá-los nem cheirá-los. Não existem no plano físico. São um produto da nossa imaginação. Por isso a nossa mente é, literalmente, uma fábrica compulsiva de histórias fictícias e ilusórias, e nós somos — sem querer e sem saber — os produtores, diretores, roteiristas, atores principais e secundários do filme da nossa vida.

Cada pensamento é como um tapete mágico que nos transporta a mundos fantásticos e inexistentes. Ao subirmos neles e acreditarmos nos contos que nos relatam, caímos em um sono profundo. Ao nos perdermos no labirinto da nossa mente, perdemos a conexão com a realidade do que verdadeiramente está acontecendo no momento presente. É aí que criamos de modo inconsciente um sem-fim de conflitos mentais, que nada têm a ver com a verdadeira realidade, experimentando toneladas de sofrimento.

Enquanto vivemos adormecidos — desconectados do ser essencial —, nos convencemos de que as mentiras que os pensamentos nos contam são verdade. Como consequência, acreditamos que as interpretações subjetivas e distorcidas que fazemos da realidade são a realidade em si. Entretanto, "não vemos o mundo como ele é, mas como nós somos".[6] O mundo é uma grande tela na qual projetamos o que temos no nosso interior. Também é um enorme espelho no qual vemos nosso reflexo.

Este mecanismo de "projeção" também é conhecido como "a lei do espelho", segundo a qual todas as palavras que utilizamos para rotular o que percebemos dizem muito mais sobre nós do que sobre a realidade externa que estamos rotulando. São um reflexo fiel da nossa realidade interior. Quando vivemos identificados com a mente e tiranizados pelo ego, nossa concepção da vida fica restrita às limitações inerentes da linguagem e do nosso vocabulário escasso.

Os olhos do observador

O que chamamos de "realidade" não está fora, mas dentro de nossa mente, em nossos pensamentos. A prova disso é que nem todas as pessoas enxergam a mesma coisa diante do mesmo fato. Cada um vê um reflexo do que tem dentro de si. Assim, uma mesma situação — ou a mesma coisa — pode ter níveis de importância e significação diferentes em função do nível de compreensão e consciência de quem está observando. Por exemplo,[7] para um animal, determinado objeto pode ser visto como uma "forma branca e preta"; um indígena que passou toda a sua vida na floresta, afastado de qualquer civilização moderna, pode vê-lo como "algo retangular e flexível que apresenta uma série de símbolos estranhos".

Por outro lado, uma criança pode pensar que é "um livro"; um adulto qualquer pode considerar que é "um tipo específico de ensaio que faz afirmações incompreensíveis — até mesmo ridículas — a respeito da realidade"; por sua vez, um especialista em física quântica pode considerar que se trata de "um brilhante tratado sobre cosmologia, que abre novos horizontes sobre o verdadeiro funcionamento do universo".

Em cada caso, o fenômeno observado ainda é o mesmo, mas seu nível de importância e significação depende do olhar de cada observador. O animal não é capaz de enxergar o que o indígena vê, e este também não enxerga o que uma criança vê. O garoto, por sua vez, não consegue ver o que um adulto qualquer vê, e o olhar deste não enxerga o que um especialista em física quântica vê. Ainda que as afirmações desses cinco observadores sejam parcialmente certas, todos eles — exceto o especialista em física quântica — ignoram que o objeto tem uma utilidade, um sentido e um significado muito maiores do que o que eles são capazes de reconhecer. Por isso, tampouco sabem o que estão perdendo...

É importante dizer que, em geral, não escolhemos nossos pensamentos, mas eles derivam de uma forma involuntária, mecânica e automática. Tendem a ser monótonos e repetitivos, fazendo-nos entrar em espirais mentais das quais é muito difícil sair. Ainda que o ego nos engane e manipule — fazendo com que acreditemos que somos os autores do que pensamos —, na verdade, nós não pensamos. Pensar é uma atividade que acontece conosco. A voz tagarela que habita nossa cabeça tem vontade e vida próprias. Por isso, somos tiranizados pela mente e possuídos pelo pensamento.

Além disso, quanto mais ficamos presos à mente, mais compulsivo o pensamento se torna, e quanto maior for a torrente de pensamentos que inundam a nossa mente, maior será a identificação com esse *eu* fictício. É um círculo vicioso que, em algum momento, não nos deixa parar de pensar. É aí que nosso intelecto se torna demente e nosso pensamento, completamente neurótico.

Para sair dessa *matrix* mental, é fundamental deixar de acreditarmos em tudo o que pensamos. Só então descobriremos que não somos a mente nem o *eu* que pensa. Essa revelação é a origem do nosso despertar. Como consequência dessa tomada de consciência, podemos observar a mente e começar a questionar os pensamentos. Isso transforma nossa experiência de vida.

Com o tempo e a prática, a auto-observação e a autoindagação nos levam a recuperar a sanidade e a lucidez. Nesse momento, começamos a distinguir a realidade verdadeira, que ocorre em cada momento, das coisas que percebemos, interpretamos e distorcemos subjetivamente através da linguagem e dos pensamentos. Conseguir diferenciar entre um e outro é o que distingue os sábios dos ignorantes e os despertos dos adormecidos.

> *Ao ensinar o nome de um pássaro a uma criança,*
> *ela deixará de ver esse pássaro para sempre.*
> Jiddu Krishnamurti

12. Afogados pela emoção

Os pensamentos são ilusórios, mas podem criar realidades. Primeiramente, dentro de nós mesmos. Por meio de um mecanismo chamado "sugestão", a mente produz um efeito psicossomático sobre o corpo. Assim, quando nos identificamos com algum pensamento fictício no plano mental — e acreditamos que é verdade —, é gerada a emoção correspondente na nossa dimensão física. É aí que o que pensamos se transforma no que sentimos, e certamente sentir uma emoção é algo muito real.

Mas o que é uma "emoção"? Trata-se da resposta neuroquímica do corpo a um pensamento. Cada uma delas contém substâncias que se dissolvem em nosso organismo físico, provocando determinadas sensações em nosso interior. Etimologicamente, o termo deriva do latim *emovere*, que significa "mover": é a energia e o impulso que nos movem a realizar determinada ação.

Como costumamos viver influenciados por crenças limitantes e bombardeados por pensamentos negativos, o que sentimos pode ser tão intenso que acabamos nos afogando em um mar de emoções. Devido à nossa falta de educação emocional, muitas delas são difíceis de gerir e, em certas ocasiões, impossíveis de sustentar. Solidão. Tristeza. Melancolia. Inveja. Soberba. Vaidade. Medo. Insegurança. Covardia. Estresse. Ansiedade. Gula. Angústia. Culpa. Preguiça. Ira. Raiva. Rancor. Agressividade. Nojo. Frustração. Impotência. E muita desesperança...

Essas emoções nos impedem de agir com eficiência na hora de enfrentar os desafios que surgem no dia a dia. De fato, elas nos tornam mais desajeitados em um âmbito existencial. Vamos imaginar que temos uma reunião importante de trabalho, estamos em cima da hora e, de repente, nos vemos em meio a um engarrafamento. Caso vivamos adormecidos e nos identifiquemos com o ego, com certeza pensaremos algo disfuncional como: "Droga! Vou chegar tarde! Isso não deveria estar acontecendo".

Se, nesse exato instante, observarmos nossa mente, logo nos daremos conta de que a história que estamos contando para nós mesmos não é real. É só outro pensamento. E essa tomada de consciência faz com que ele não tenha nenhuma influência sobre nós. O fato é que um pensamento nunca é um problema em si mesmo; o problema é nos identificarmos inconscientemente com ele.

Contudo, se acreditarmos na voz que escutamos em nossa cabeça, logo aparecerá a emoção correspondente em nosso corpo. Nesse caso, em forma de ira. É assim que acabamos tomando uma dose de cianureto e, envenenados por essa substância química, de repente somos acometidos por mais pensamentos carregados de raiva e frustração. Desse modo, mergulhamos em um círculo vicioso no qual o pensamento e a emoção se retroalimentam mutuamente.

Sentimentos e estados de ânimo

Uma sensação sustentada durante algum tempo se transforma em um sentimento. Um sentimento prolongado, por sua vez, acaba mudando até se transformar em um estado de ânimo. Ao longo desse processo, de maneira automática, alguns pensamentos que vibram nessa mesma frequência energética nos invadem. Não à toa a mente e o corpo estão conectados. São as duas faces da mesma moeda. Nosso pensar determina nosso sentir. Nosso sentir influencia o nosso pensar. Desse modo, se continuarmos alimentando a ira que sentimos no engarrafamento, é bastante provável que essa emoção se transforme em um sentimento permanente de frustração, que pode gerar, por sua vez, um estado crônico de amargura.

E quem sabe? Perturbados pela ira, frustração e amargura, pode ser que chegue o dia em que pensemos que "o mundo é imperfeito" e que "a maioria das pessoas são inúteis e medíocres". Isso é exatamente o que veremos. Quando nos identificamos de modo inconsciente com esses pensamentos e nos sugestionamos com as emoções correspondentes, ficamos presos em outra masmorra mental invisível chamada "profecia autorrealizadora". Trata-se de uma previsão que, assim que for realizada, é — em si mesma — a causa para que se transforme em realidade. É assim que a nossa experiência emocional valida e reafirma aquilo em que estivemos pensando.

Por acreditarmos reiteradamente no pensamento "a maioria das pessoas são inúteis e medíocres", acabamos encontrando, em nosso cotidiano, inúmeros fatos que confirmam a veracidade dessa afirmação. Principalmente porque esse viés cognitivo nos leva a focar nos erros que as outras pessoas cometem em vez de vermos os seus acertos. Por isso, temos a impressão de que as pessoas são mesmo "inúteis e medíocres". Entretanto, a inutilidade e a mediocridade verdadeiras estão presentes na nossa forma de ver e de interpretar a realidade.

Cometemos o mesmo erro ao lidar com as emoções que sentimos. Convencemo-nos de que nossas emoções surgem como consequência de determinadas situações externas — por exemplo, um engarrafamento, que consideramos "uma situação errada que não deveria estar acontecendo". Além das mentiras que o ego nos conta, a incômoda verdade é que a causa das nossas emoções reside no que pensamos em nossa mente a respeito do que acontece. Desse modo, o único *erro* — caso haja algum — é o nosso posicionamento diante da realidade.

No entanto, essa tomada de consciência é muito dolorosa para o ego. Essa é a razão pela qual, em vez de nos autoquestionarmos, costumamos escolher olhar para o outro lado. E assim seguimos pela larga avenida do autoengano, acreditando que somos vítimas das nossas circunstâncias. Como estamos hipnotizados pela voz venenosa da nossa cabeça, é questão de tempo para que nosso pensamento se instaure na negatividade, gerando — por sugestão — a realidade emocional correspondente.

De fato, chega um momento em que a dor que sentimos é tão insuportável que começamos a reprimir nossas emoções o máximo que conseguimos, chegando até mesmo a deixar de sentir. É assim que nos desconectamos completamente do corpo, reforçando a identificação com a mente. Entretanto, a dor emocional não vai a nenhum lugar. Ela permanece alojada no mais profundo do nosso ser e nos persegue como uma sombra.

Viciados na infelicidade

Não se trata de nos enroscarmos nem brigarmos com as emoções, tampouco evitá-las ou reprimi-las. O verdadeiro desafio é aprender a senti-las, absorvê-las e gerenciá-las, compreendendo que elas nos dão informações muito valiosas sobre a qualidade dos nossos pensamentos e sobre nosso grau de ignorância ou sabedoria ao percebermos a realidade. Sentir raiva em um engarrafamento é um indicador claro de que estamos errando na forma de interpretar a situação vivida. Principalmente porque não é nada funcional nem adaptativo ficar aborrecido em uma situação que não podemos mudar. Ingerimos uma dose de veneno a troco de nada.

Entretanto, a dor emocional que experimentamos tem a sua própria função: nos incomodar o bastante para que olhemos para dentro e comecemos a questionar a forma de interpretar o que acontece conosco. O despertar consiste nisso. Não por acaso, a mente é a origem de todo o sofrimento. Por trás de nossas perturbações, sempre encontramos alguma crença limitante e algum pensamento que não está de acordo com o que acontece em cada momento. Em vez de julgá-lo e condená-lo, devemos aproveitar nosso mal-estar como o que ele realmente é: um despertador útil para percebermos que tínhamos voltado a dormir.

Após ingerirmos litros e litros de veneno, cedo ou tarde chegará o dia em que ficaremos presos a outro mecanismo psicológico denominado "corpo-dor",[8] um traço distorcido do ego que aparece quando estamos passando por um período de muita dispersão. Trata-se de um parasita psíquico que anseia tanto pela negatividade que transforma o sofrimento em fonte de prazer, deixando-nos viciados na infelicidade. É aí que — tiranizados por este *eu* ilusório — não conseguimos evitar os pensamentos obsessivos sobre nossos infortúnios. Nem conseguimos deixar de falar compulsivamente sobre nossa infelicidade.

É assim que o ego se alimenta do nosso mal-estar e da nossa insatisfação para perpetuar e sobreviver. Não é por acaso que o objetivo do corpo-dor é nos manter na ignorância e na inconsciência, afastando-nos da nossa verdadeira essência. Por isso busca nos manter aprisionados em nossa própria mente, envenenando-nos com todo tipo de pensamentos negativos. A cada nova dose de veneno que tomamos, a capa grossa de dor emocional aumenta e, tal qual uma crosta, nos separa e afasta ainda mais do ser essencial.

Chega um momento em que estamos tão mal conosco que, quando estamos com outras pessoas, tentamos provocá-las para criar algum tipo de conflito, para gerar mais drama em nossa vida. Conseguimos isso de duas maneiras opostas e complementares: por um lado, desejando causar dor em outras pessoas, assumindo o papel de agressor; por outro, desejando sofrer, desempenhando o papel de vítima. A não ser que deixemos de alimentar o corpo-dor, ambas as estratégias egoicas nos conduzirão quase que de imediato ao mesmo destino: a depressão.

Dependendo de como for utilizada, a mente tem o poder de criar e de destruir, assim como a capacidade de nos curar e de nos adoecer. Posto em uma metáfora, a mente pode abrir as portas do céu ou nos enviar diretamente ao inferno. O mecanismo de sugestão — também chamado de somatização — é a razão pela qual o "efeito placebo" funciona. É a melhora ou o desaparecimento dos sintomas de uma doença que um paciente pode experimentar ao realizar um tratamento que, por si só, não tem nenhuma propriedade curativa real.

Diversos estudos científicos[9] demonstraram que alguns pacientes experimentam uma recuperação significativa em seus processos de cura tomando uma substância totalmente inócua, sem princípios ativos. É claro, em todos os instantes, os doentes acreditam que se trata de um remédio muito eficaz, já que ele tem o mesmo aspecto, gosto e formato de um medicamento verdadeiro. A partir daí, a sugestão se encarrega de fazer o restante. Por estarem convencidos de que esse placebo vai curá-los, a mente de alguns pacientes gera efeitos terapêuticos benéficos em seus corpos. É por isso que as instituições religiosas triunfaram tanto até agora. Por estarmos tão desconectados da nossa dimensão espiritual, a religião se transformou no grande placebo da humanidade.

Se você está deprimido, está vivendo o passado.
Se você está ansioso, está vivendo o futuro.
Se você está em paz, está vivendo o presente.
Lao Tsé

IV

A HISTÓRIA DA RELIGIÃO

A religião é como um par de sapatos. Encontre um que se ajuste a você, mas não me faça usar o seu.
GEORGE CARLIN

SEIS ACADÊMICOS CEGOS VIVIAM EM uma aldeia. Eles estavam sempre competindo entre si para ver quem era o mais inteligente e perspicaz. Um belo dia, ouviram falar que, muito perto de seu povoado, havia aparecido um animal estranho conhecido pelo nome de "elefante". E como não tinham nem ideia do que se tratava, logo foram visitá-lo para saciar sua curiosidade.

Certa vez, chegaram ao local em que estava o paquiderme, e os seis acadêmicos cegos começaram a tocá-lo e examiná-lo para saber como era. O primeiro parou na pata do mamífero. Depois de tocá-la por um tempo, disse que parecia um "tronco de árvore". O segundo apalpou a barriga e declarou enfaticamente que era semelhante a uma "parede". O terceiro acariciou a orelha e afirmou de modo categórico que era como um "ventilador".

O quarto acadêmico cego, por sua vez, tocou o rabo do animal e teve certeza absoluta que aquele animal tinha o formato de uma "corda". O quinto, por outro lado, deparou com uma das presas e declarou assertivamente que aquele animal era como uma "lança". Por fim, o sexto parou na tromba e exclamou com certa arrogância que os outros não tinham nem ideia do que estavam dizendo, pois o elefante lhe remetia a uma "serpente".

Zangados uns com os outros, os acadêmicos cegos se engalfinharam em uma discussão intelectual que durou umas tantas horas. No entanto, em nenhum momento conseguiram entrar em um acordo a respeito da aparência do elefante. Cada um deles estava convencido de que sua experiência era a única verdadeira, acreditando que os outros estavam errados.[1]

13. AS ORIGENS DO SAGRADO

A religião é quase tão antiga quanto a humanidade. Em essência, ela está relacionada com a busca pelo sagrado, com o nosso íntimo afã pela transcendência e com a necessidade de nos reconectarmos com a faísca de divindade que reside no mais profundo de nós. De fato, a verdadeira religiosidade não tem relação com nenhuma instituição religiosa, mas com a dimensão espiritual que reside dentro de cada ser humano. Nós a experimentamos quando voltamos para *casa* — nosso paraíso celestial perdido: o ser essencial —, sentindo mais uma vez a sensação de conexão e unidade que perdemos no dia do nosso nascimento.

No entanto, com o passar dos séculos, a palavra "religião" foi uma das mais corrompidas e adulteradas do nosso vocabulário. Tanto é que seu significado original não tem nada a ver com o atual. Do ponto de vista etimológico, ela provém do latim *religare* e quer dizer "reunir", "reconectar", "vincular" e, em suma, "ligar o humano com o divino". Paradoxalmente, quanto mais a religião se institucionalizou, mais foi-se desvinculando da espiritualidade, perdendo a sua verdadeira razão de ser. Nesse sentido, um ser humano verdadeiramente religioso é aquele que teve alguma experiência de desidentificação do ego e de reconexão profunda com a sua verdadeira essência. E, como consequência, já não se sente um *eu* separado, mas voltou a unir-se com a vida, o universo, deus ou como queiramos chamá-lo.

Por ironia, hoje em dia a religião divide mais do que une, enfrenta mais do que conecta. Causa mais guerra do que paz. Isso é assim porque é uma criação do ego, em vez de ser uma manifestação do ser. Desde o início dos tempos, a imensa maioria dos nossos antepassados se empenhou para buscar essa conexão espiritual olhando para fora ao invés de olhar para dentro. Esse é o motivo pelo qual a história da religião é apenas isso: uma *história* dirigida pela mente, narrada pelo ego e protagonizada por todos os tipos de crenças limitantes e pensamentos ilusórios.

Desde que a espécie humana começou sua caminhada existencial, a religião é o conto mais popular que contamos a nós mesmos para enfrentar a loucura incomensurável que é existir e estar vivo. No entanto, em vez de julgá-la e condená-la, é fundamental entender que ela teve uma função importante na evolução e um papel de destaque em nossa sobrevivência como espécie. Certas crenças religiosas permitiram aos nossos antepassados melhorar a sua relação com a realidade hostil que tinham de viver. Por meio do mecanismo de sugestão, a religião teve um efeito muito positivo sobre as mentes e os corações dos nossos ancestrais. Foi o placebo que utilizaram para apaziguar sua dor, acalmar seu medo e compensar sua ignorância.

Graças às crenças religiosas, os primeiros seres humanos conseguiram sobreviver emocionalmente em um mundo ameaçador, no qual a morte pairava a todo momento. Além de acalmar sua ansiedade diante de um possível ataque de predadores, isso ajudou-os a gozar de tranquilidade diante dos mistérios do universo. Desse modo, também inventaram a religião para tentar responder perguntas que, naquela época, não tinham resposta e dar algum sentido a uma existência enigmática e confusa.

A religião também permitiu construir e manter um senso de comunidade que favorecia a colaboração social entre os indivíduos. Prova disso são os inúmeros vestígios que o sagrado deixou na forma de símbolos, ritos e mitos comuns. A religião apareceu em diferentes períodos e lugares para que os seres humanos pudessem participar de uma experiência ritual compartilhada. Dessa forma, ela os ajudou a gerar uma consciência coletiva que aumentou as possibilidades de sobrevivência em um ambiente brutalmente selvagem e adverso.

O culto à morte

Ainda que não saibamos quando, onde e como a religião foi criada, os historiadores tentaram recompor sua história a partir daqueles restos arqueológicos que sobreviveram aos estragos do tempo: tumbas, santuários, templos, objetos de culto, esculturas, pinturas... Esses são os únicos indícios que podem nos dar alguma ideia de como foi seu início, muito antes do aparecimento da linguagem, da escrita e das redações dos denominados "livros sagrados", como a Torá, a Bíblia ou o Corão.

De fato, o primeiro vestígio de consciência religiosa apareceu nas comunidades mais primitivas do Paleolítico, as quais cultuavam a morte. O fato é que foram encontrados restos de rituais funerários que datam de aproximadamente 100 mil anos. Naquela época, nossos antepassados pré-históricos construíram as primeiras tumbas da história.[2] Nelas, foram encontrados cadáveres cuidadosamente depositados dentro da sepultura. Todos os mortos estavam cobertos pela cor vermelha. Talvez fizessem isso derramando sangue sobre o defunto ou atirando terra tingida de ocre, um óxido vermelho de ferro muito abundante na natureza que era utilizado como corante.

Não é por acaso que nossos ancestrais paleolíticos eram caçadores por excelência. Quando um dos membros de sua comunidade se feria, viam que a perda de sangue provocava debilidade e, em muitos casos, a morte. Em consequência, esse fluido avermelhado adquiriu um valor divino e uma conotação sagrada: simbolizava a saúde e a vida. Por isso, estava presente em todos os ritos funerários da época.

Além disso, em muitas tumbas pré-históricas[3] foi encontrada uma infinidade de detalhes que manifestam a intenção com a qual nossos ancestrais realizavam essas cerimônias funerárias. Em alguns casos, o defunto levava em suas mãos galhadas de cervos ou mandíbulas de javali. Em outras, seus ossos eram polvilhados com ocre e rodeados de conchas. Também foram encontrados cadáveres junto de inúmeros enfeites, utensílios e armas fabricadas com diversos tipos de pedra e ossos de diversos animais.

Todos esses restos arqueológicos são um indício de que nossos antepassados acreditavam na existência de uma alma independente do corpo. Contudo, o que é "alma"? Etimologicamente, vem do latim *anima*, que significa "ar e fôlego", como aquele que o bebê inala logo depois de nascer. Também procede do grego *psyché*, que significa "sopro ou hálito", como o que o moribundo exala antes de falecer. É sinônimo de "espírito", que deriva do latim *spiritus*, e também se refere ao ato de "inalar e exalar". Em essência, a alma é a nossa parte imaterial e invisível: o espírito que nos insufla com ar e nos dá vida. Em resumo, é o fôlego vital que nos mantêm vivos e que desaparece quando morremos.

Com base nessa concepção da alma humana, nossos ancestrais realizaram ritos funerários para preparar e dar ao morto os recursos necessários para sua próxima encarnação. Por isso, estavam convencidos de que havia vida após a morte e colocavam o defunto em posição fetal, fazendo alusão à possibilidade de um segundo nascimento. Se é verdade ou não, ainda é um mistério. A única certeza é a de que o corpo fica enterrado na sepultura e se decompõe com o passar do tempo. No entanto, o que acontece com a alma? Visto que, em última instância, esse sopro vital é essencialmente energia, o mais provável é que nem nasça, nem morra, mas que se transforme constantemente. Quem sabe?

Não importa se existe vida após a morte.
O que importa é que haja vida antes da morte.
Eduard Punset

14. A arte mágica da Pré-História

Ainda que os rituais funerários tenham sido os primeiros indícios de consciência religiosa na história da humanidade, a primeira religião de que temos registro é o "animismo". Ele parte da premissa de que, por trás de qualquer fenômeno, há uma força sobrenatural e impessoal oculta, uma espécie de grande alma ou espírito universal que o guia. Em outras palavras, qualquer coisa que existe — humanos, animais, árvores, plantas, rios, mares, montanhas, chuva, terra, fogo, ar, sol, lua ou qualquer outra coisa que faça parte da existência — goza de um sopro vital que a move e anima.

O animismo esteve presente em grande parte das comunidades primitivas do Paleolítico, que eram compostas por grupos reduzidos de seres humanos nômades e que viviam integrados à natureza. Por serem caçadores, viviam se movimentando e deslocando, seguindo as manadas de animais dos quais se alimentavam. Também colhiam os frutos e as sementes que encontravam nos bosques, selvas e campos por onde passavam. Caso parassem temporariamente por zonas costeiras, também se dedicavam à pesca.

A completa dependência do hábitat natural levou nossos antepassados pré-históricos a desenvolver a crença de que existia uma providência divina, que era dona de seu destino e com a qual tinham de manter uma excelente relação.

Observavam com assombro e fascínio todos os mistérios que rodeavam sua existência e começaram a inclinar-se com humildade diante dessa inteligência e força sobrenatural, a qual acreditavam governar os fenômenos naturais que permitiam sua sobrevivência.

Foi nesse momento que apareceram os magos, os feiticeiros, os bruxos e especialmente os xamãs, a quem lhes foi atribuído, pelas suas respectivas comunidades, o poder de controlar e incidir em certos processos naturais por meio de rituais e feitiços. Basicamente, a função social do xamã consistia em interceder entre o mundo visível e o invisível em favor e benefício da comunidade da qual fazia parte.

De fato, nossos antepassados pré-históricos acreditavam que os xamãs tinham um pé nesta realidade e o outro na outra dimensão. Eles eram venerados pela sua capacidade de entrar em estados alterados de consciência — geralmente com a ajuda de alucinógenos —, por meio dos quais conseguiam desprender-se do seu corpo e conectar-se com o plano espiritual. Para fazer isso, lideravam sessões dentro de cavernas, onde realizavam danças e transes xamânicos para comunicação com a providência divina da qual a sua tribo extraía a sua fonte de sustento.

Na maioria dos casos, essas cerimônias pré-históricas eram realizadas em lugares inacessíveis de grutas tortuosas cujo acesso, ainda hoje — mesmo com materiais modernos de escalada —, é muito difícil. É que nossos ancestrais não viviam nessas cavernas. Não eram cavernícolas. Por isso não utilizavam essas cavernas para se refugiar — nem mesmo dormir —, mas as concebiam como santuários onde celebravam seus ritos sagrados.

A primeira deidade da história

Para garantir que cada caçada fosse bem-sucedida, o xamã invocava o espírito dos animais que sua comunidade se propunha a capturar. Ele fazia isso pintando suas imagens nas paredes dessas cavernas.[4] Ainda hoje, os restos arqueológicos dessas gravuras rupestres da época paleolítica estão conservados — e alguns deles têm mais de 65 mil anos! Trata-se das primeiras expressões de arte da humanidade.

Muitos enquadram essas pinturas na denominada "arte mágica". Principalmente porque esses desenhos faziam parte de rituais de feitiçaria: eram o feitiço que o xamã empregava para controlar a sorte da caça, enfeitiçando os animais cobiçados pela sua tribo. Em muitas gravuras, há flechas nos corações de bisões, ursos, cavalos, renas, mamutes e cervos, entre outros mamíferos da época. Também desenhavam pontos e impressões de mãos, que simbolizavam a crença animista de que todos os seres vivos estão interconectados e compartilham o mesmo espírito universal.

Com o passar dos séculos — e dentro dessas comunidades nômades de caçadores-apanhadores —, nossos ancestrais inventaram a primeira deidade da história: "o senhor das bestas", amo e guardião da alma dos animais selvagens. Estima-se que surgiu há uns 17 mil anos, e costumava ser representado nas paredes das cavernas pré-históricas com rosto de homem e uma galhada de cervídeo. Embora tenham encontrado formas diferentes de representá-lo, na maioria delas, era pintado com o tronco superior de humano e o inferior de animal.[5]

Devido às condições de vida adversas que tiveram de enfrentar para sobreviver, nossos antepassados começaram a projetar seu desejo de caça e sua necessidade de alimento nesse deus. Por outro lado, confiavam no xamã de sua tribo para estabelecer uma comunicação direta com ele e poder, assim, manter uma relação íntima que os favorecesse. Também acreditavam que, para gozarem de sua boa vontade e serem recompensados com uma quantidade suficiente de presas, tinham de realizar uma série de cerimônias e rituais em sua honra. Por meio do mecanismo da profecia autorrealizadora, foram desenvolvendo a crença de que quanto mais acreditassem nessa deidade superior, melhores seriam as caçadas.

Foi assim que começaram a venerar e obedecer ao senhor das bestas, o qual — através do xamã — dava-lhes ordens muito precisas que deviam seguir sem questionar. Apenas podiam caçar um número determinado de presas por expedição. Caso matassem animais de maneira indiscriminada, nossos ancestrais poderiam cometer um sacrilégio, faltando com o respeito e aborrecendo a deidade... Esse relato religioso — completamente imaginário e fictício — representa o nascimento de um pensamento simbólico criado através da mente e do ego.

No entanto, graças à religião animista, os povos pré-históricos criaram as primeiras regulamentações da história. Na verdade, estabeleceram uma série de preceitos e limites — supostamente ditados por seu deus — que favoreciam a convivência entre seus membros. Além disso, possibilitavam a harmonia simbiótica com o meio natural do qual dependiam e com o qual estavam integrados. Desse modo, a religião começou a ocupar um lugar de destaque nas primeiras civilizações humanas do Paleolítico, cumprindo uma função evolutiva e social: beneficiar e melhorar a qualidade de vida dos nossos ancestrais.

> *Uma crença não é verdadeira só porque é útil.*
> HENRI-FRÉDÉRIC AMIEL

15. UM DEUS PARA CADA COISA

Há cerca de 11.500 anos, a humanidade passou por uma transformação evolutiva excepcional. Lenta, mas progressivamente, os seres humanos deixamos de ser caçadores-coletores e nos transformamos em agricultores-pecuaristas, trocando as caçadas e as lanças pelas hortas e pelos arados. Em vez de procurar comida, começamos a produzi-la por meio da agricultura, cultivando e armazenando nossos próprios alimentos. Em vez de perseguir animais, começamos a criá-los por meio da pecuária, pastoreando nossos próprios rebanhos.

Ao mudar nosso estilo de vida, deixamos de pedir às forças espirituais que nos ajudassem com a caça, para rogar que nossas colheitas fossem boas. Nesse sentido, os ritos sagrados começaram a girar em torno do controle de fertilidade da terra, que foi vinculada à fecundidade feminina, elevando a posição das mulheres nas comunidades.

Então, em alguns santuários da época, foram encontrados restos de figuras talhadas em pedra e marfim, nos quais aparecem mulheres com os órgãos da maternidade (peitos, barriga e genitais) inchados e exagerados. Também foram encontrados baixos-relevos que ilustram touros nascendo de mulheres. De acordo com historiadores da religião,[6] esses novos símbolos eram expressões do culto à denominada "grande deusa" ou "deusa-mãe", uma nova deidade cuja função era dar vida e velar pela fecundidade e fertilidade da terra.

Por outro lado, ao começar a controlar nossos meios de subsistência, abandonamos definitivamente o nomadismo — tão comum durante o Paleolítico — e iniciamos uma existência sedentária, que se consolidou no Neolítico. Essa façanha foi uma revolução sem precedentes na história da humanidade: pela primeira vez, deixamos de ser servos do meio ambiente para nos tornarmos senhores da natureza. Esse processo de empoderamento trouxe consigo novos desafios, transformando nossas crenças religiosas por completo.

A partir de então, começamos a nos ver como uma espécie separada do mundo natural, o que significou o princípio do fim da cosmovisão animista que nos unia em alma e espírito com a natureza. Além disso, por não estarmos mais conectados com os animais, começamos a domesticá-los, dominá-los e explorá-los em benefício próprio. Como consequência, começamos a nos sentir deuses terrestres do nosso pequeno universo, do qual indubitavelmente nos consideramos o centro.

Prova disso foi a construção de Göbekli Tepe[7] — que em turco significa "Colina do Umbigo" —, o primeiro templo religioso da história, edificado há cerca de 11 mil anos. Em muitas de suas paredes, apareciam figuras humanoides abstratas. Tinham rosto, mas sem olhos, boca e orelhas. Tinham mãos e pernas, mas eram de tamanho agigantado e desproporcional. Em suma, eram uma maneira nova e evoluída de representar o divino, cujo aspecto era cada vez mais humano.

Humanização dos deuses

Desse modo, a força sobrenatural, amorfa e impessoal do animismo foi, aos poucos, substituída por milhares de almas individuais e espíritos pessoais, que tomaram as formas de deuses e deusas. Já que desfrutávamos de mais poder e protagonismo sobre a nossa existência, começamos a projetar nossos traços e atributos humanos sobre o divino por um mecanismo psicológico chamado de "antropomorfismo". Foi assim que criamos deidades à nossa imagem e semelhança. Por meio da lei do espelho, o reino espiritual localizado nos céus — onde supostamente vivem os deuses — tornou-se um reflexo fiel da realidade mundana da Terra, onde habitam os seres humanos.

Com o passar dos séculos, o senhor das bestas do Paleolítico e a grande deusa do Neolítico foram acompanhados por um sem-fim de deidades novas e mais sofisticadas, que começaram a aparecer durante a Idade do Bronze. De fato, sabemos de sua existência graças a uma nova revolução que marcaria o devir da *história* da religião: a escrita cuneiforme, inventada há cerca de 5.200 anos no marco da primeira civilização urbana: a Suméria, localizada na antiga Mesopotâmia.

Por meio de pictogramas — signos icônicos desenhados que representam objetos reais —, nossos antepassados sumérios deixaram por escrito suas crenças e seus pensamentos religiosos. O fato é que sua imaginação fértil lhes permitiu inventar um deus para cada coisa, consolidando assim uma nova concepção religiosa: o "politeísmo", isto é, a crença de que existem "muitos deuses" e que cada um cumpre uma função em nossa existência. Tanto é que o panteão dos sumérios abrigava mais de 3 mil deidades diferentes.

Todos esses novos deuses e deusas tinham um denominador comum: assemelhavam-se muito aos seres humanos que os criaram. Para começar, todos tinham um nome próprio, como "Utu" (deus do sol), "Nammu" (deusa-mãe), "Na" (deus do céu), "Inanna" (deusa do amor e da guerra) ou "Enlil" (deus do ar). Também tinham suas próprias personalidades e histórias pessoais, o que abriu espaço para inúmeros mitos e epopeias que refletiam fantasias, temores e desejos profundamente humanos.

O triunfo desses relatos sagrados — fictícios e imaginários — contribuiu para propagar e expandir o politeísmo por cantos diferentes do planeta, dando lugar — durante os séculos vindouros — ao nascimento das grandes religiões politeístas do mundo: egípcia, hindu, grega e romana. Não por acaso, era muito fácil para as pessoas comuns se identificarem com esses deuses humanizados, cujas vidas ficcionais eram tão admiradas e cobiçadas. Acreditar neles lhes dava força para enfrentar e suportar as inclemências da própria realidade.

Em todas essas civilizações, os deuses e as deusas se tornaram parte do cenário e do cotidiano de seus cidadãos, e logo colonizaram o inconsciente coletivo da humanidade. O processo de antropomorfismo chegou a tal ponto que foi construído um templo para cada deidade em cada cidade, para que os deuses em questão tivessem uma residência terrena onde pudessem proteger-se e viver com conforto. Além disso, é claro, esses templos eram lugares onde seus seguidores fiéis podiam visitá-los e comunicar-se com eles através da reza e da oração, ou seja, falar a sós com sua própria mente para pedir a uma entidade fictícia toda sorte de favores. É claro que, para engrandecer seus deuses, não lhes restou outro remédio, senão humilhação. Por isso, na hora de *falar com eles*, tiveram que se ajoelhar.

Idolatria, sacerdotes e sacrifícios

Com o aparecimento dos templos, também entraram em cena os sacerdotes, que acabaram sendo designados como mediadores entre o povo e os deuses. Em outras palavras, entre a terra e o céu. Foi isso o que elevou a religião organizada ao estrelato. Cabe destacar que essa casta sacerdotal se tornou quase exclusivamente masculina e misógina com muita rapidez. Desse modo, a evolução das instituições religiosas seguiu o caminho das sociedades nas quais foram criadas e, há cerca de 3 mil anos, começaram a se tornar patriarcais em todos os lugares. No momento em que os homens se apoderaram da terra, o céu também foi masculinizado.

Pouco tempo depois, a "idolatria" começou a se popularizar. Trata-se de uma prática religiosa que consiste em idealizar ou venerar um "ídolo" com fervor. Isto é, uma imagem ou objeto de culto é adorado pela deidade que supostamente contém ou representa. A idolatria causou uma comoção tal que logo começaram a ser produzidos em massa todo tipo de tótens, talismãs e estátuas que — conforme as crenças — eram literalmente uma manifestação do divino. Os fiéis não reverenciavam os objetos materiais; estavam convencidos de que estes abrigavam espíritos, e era para esses espíritos que eles rezavam. Também começaram a celebrar anualmente uma série de cerimônias, festividades e tradições para adorar e enaltecer seus respectivos deuses.

De maneira distinta do xamã do Paleolítico — que experimentava o sagrado em seu próprio corpo através do transe xamânico —, o sacerdote fazia isso através de um novo tipo de ritual: o do "sacrifício". Essa palavra deriva do latim *sacrum*, que significa "fazer o sagrado". Em essência, era a maneira com a qual os seres humanos alimentavam os deuses e as deusas para desfrutar da proteção e da benevolência divinas. No fundo, não passava de um intercâmbio regido por uma questão puramente matemática. Quanto maior fosse o favor que pediam, maior teria de ser o presente ou sacrifício entregue. Nossos ancestrais eram regidos por uma crença simples: a de que receberiam em função do que ofereciam.

No início, esses rituais consistiam em dar cereais — ou até mesmo sacrificar algum animal — para contar com condições meteorológicas que favorecessem as colheitas. No entanto, à medida que seus pedidos se tornaram mais ambiciosos, também cresceu a quantidade e a magnitude de suas oferendas. Prova disso é a tábua encontrada na cidade de Uruk, na antiga Suméria. Nela, há uma lista com todos os sacrifícios feitos ao longo de um ano para contentar ao deus An e favorecer seus 40 mil habitantes. No total, foram sacrificados 18 mil cordeiros, 2.580 ovelhas, 720 bois e 320 bezerros. Nenhum historiador sabe o que pediram em troca...[8]

A função do bode expiatório

Visto que os desejos e as expectativas do ego são impossíveis de satisfazer, com o tempo, a questão dos sacrifícios saiu de controle. Seguindo a lógica de que quanto mais valiosa fosse a oferenda, mais generoso seria o deus em questão, nossos ancestrais acabaram sacrificando seres humanos. Em casos extremos, chegaram até mesmo a *entregar* seu bem mais precioso: os próprios filhos...

No entanto, para justificar e compensar moralmente esses assassinatos em série, desenvolveram um mecanismo de defesa chamado "bode expiatório". Uma vez por ano, escolhiam uma pessoa, que era declarada culpada por todas as matanças realizadas. Em seguida, o sumo sacerdote punha suas mãos sobre a cabeça desse indivíduo, transferindo para ele a responsabilidade por todos os *pecados* cometidos pelos membros da sua comunidade. Desse modo, o coletivo eximia a si mesmo da própria violência, projetando-a em uma vítima que era sacrificada sem piedade.

Independentemente dessas práticas, o politeísmo foi mudando até se tornar "henoteísmo". Embora ainda se acreditasse na existência de muitas divindades, essa crença religiosa estabeleceu uma hierarquia entre elas, considerando que poucos deuses e deusas eram mais importantes e superiores do que o restante. Por outro lado, com o passar do tempo, o nível de antropomorfismo também foi evoluindo e ficando mais sofisticado, chegando à sua expressão máxima com o apogeu da Grécia antiga, por volta de 2.500 atrás.

Foi então que os "deuses do Olimpo" se tornaram populares. Trata-se de doze deuses principais — Zeus, Hera, Poseidon, Hermes, Afrodite, Apolo, Héstia... — que fazem parte de uma família disfuncional cujas histórias são uma verdadeira novela cósmica protagonizada por drama e conflito. O fato é que chegou-se a um ponto em que esses deuses se tornaram muito humanos para serem levados a sério pelas pessoas.

> *Se as vacas e os touros soubessem desenhar,*
> *desenhariam os deuses como vacas e touros.*
> Xenófanes de Cólofon

16. O monopólio do monoteísmo

À medida que os povos foram se transformando em grandes cidades e estas em impérios gigantes, a religião também foi evoluindo, até compartilhar o trono com os reis da época. Mais uma vez, ao transformarem as instituições terrenas, também mudaram as do céu, adotando um dos traços mais característicos do ego: o afã de poder para dominar e controlar os outros. Quando a figura do imperador único se consolidou, o henoteísmo mudou até se transformar em "monolatria", isto é, a crença de que existe uma hierarquia divina segundo a qual um dos deuses é superior a todos os outros.

Por meio da lei do espelho, quanto mais autoridade era concedida a um indivíduo só na Terra, mais poder se dava a um só deus no Céu. Esse fenômeno psicológico é chamado "politicomorfismo". Trata-se da divinização da política terrena, tanto das instituições como dos chefes de Estado que as governam. De fato, os reis começaram a ser considerados deuses. Da mesma forma que esse novo deus supremo estava acima do restante das deidades, o monarca liderava uma administração central que estava acima do restante das regiões que faziam parte do seu império.

Daí surgiu a "teocracia", isto é, uma divindade que governa através de seu representante na Terra: o imperador. Essa nova forma de monarquia divina exercia um enorme controle social sobre os cidadãos, aos quais não restava nada a fazer a não ser submeter-se e obedecer ao imperador como se ele fosse deus. Rebelar-se contra o rei era considerado rebelião contra o poder divino, e o castigo era a pena de morte. Por isso, o monarca era o representante de deus na Terra. Em consequência, ele desfrutava de total autoridade e impunidade para empregar a justiça à sua maneira. Com isso, a religião e a política iniciaram uma relação simbiótica, mutuamente vantajosa, que perdura até os dias de hoje.

No entanto, ambas as instituições ainda precisavam subir um degrau para alcançar o monopólio do poder que perseguiam, passando da monolatria para o "monoteísmo" — a crença de que somente existe um único deus no universo e todos os outros são falsos. O primeiro a tentá-lo foi o faraó Amenófis IV, há cerca de 3.350 anos, no Egito Antigo. Naquela época, essa civilização era politeísta, e seu panteão contava com inúmeras deidades, como "Amon" (deus da criação), "Ísis" (deusa-mãe), "Hórus" (deus do céu), "Osíris" (deus da morte) o "Aton" (deus solar), entre outros.

Durante o quarto ano de seu reinado, esse monarca decidiu impor o monoteísmo sobre todo o seu império, considerando que Aton era o único deus verdadeiro. Para reafirmar sua nova convicção religiosa, esse faraó trocou o nome para "Aquenáton" — em alusão a esse deus solar —, erguendo-se como seu único representante e porta-voz na Terra. Assim, para desgosto de toda a população, eliminou de uma só vez as demais deidades do panteão egípcio.

A partir de então, passou a ser ilegal adorar a um deus que não fosse Aton. Na verdade, durante o reinado de Aquenáton, a palavra *deuses* foi eliminada do vocabulário da língua egípcia. No entanto, quase logo após a morte do faraó, o monoteísmo foi considerado heresia e sacrilégio. Com a coroação de um novo imperador, o politeísmo voltou a ser a religião oficial dessa civilização.

Zaratustra e o zoroastrismo

A segunda tentativa de estabelecer o monoteísmo como crença religiosa dominante acontece por volta de 3.100 anos atrás, na antiga Pérsia, com o profeta iraniano Zaratustra. Em dado momento, ele teve uma visão em que foi apresentado a Aúra-Masda, uma nova deidade que não fazia parte de nenhum panteão da época. Entre outras questões, revelou-lhe ser o único e verdadeiro deus do universo. A partir daí, Zaratustra se transformou em seu mensageiro, compartilhando com seus contemporâneos todas as indicações e reflexões que essa deidade lhe transmitia.

Entre outras considerações de caráter moral, houve uma que veio a ser uma grande inovação religiosa: a crença de que Aúra-Masda julgaria cada ser humano pelo tipo de pensamentos, palavras e obras que tivesse ao longo da vida. Dependendo do veredito final, ele seria recompensado ou castigado eternamente depois da morte. Desse modo, Zaratustra introduziu dois conceitos novos revolucionários na nossa linguagem simbólica: "céu" e "inferno", que permanecem vigentes na narrativa religiosa atual.

Entretanto, sua mensagem monoteísta foi rechaçada e condenada por sua própria comunidade, fazendo valer o ditado de que "ninguém é profeta em sua terra".[9] Não por acaso, envolvia uma mudança de cosmovisão religiosa muito disruptiva. Por isso, após a morte desse profeta iraniano, a religião que se fundiu com seu nome — o zoroastrismo — caiu no esquecimento durante muito tempo, ressurgindo séculos mais tarde ao se transformar na religião oficial do Império Aquemênida. Hoje em dia, está presente no Irã, Paquistão, Afeganistão, Azerbaijão e Índia.

O trunfo do monoteísmo aconteceu no seio do judaísmo. O início dessa religião remonta a mais de 3.800 anos, quando um deus chamado "Elohim" se apresentou diante do pastor Abrão no antigo reino de Canaã, que abrangia o que atualmente é parte de Israel, Palestina, Síria, Jordânia e Líbano. O fato é que esta deidade trocou o nome de Abrão para "Abraão", que significa "pai de muitos povos" em hebraico. Esse encontro representou uma mudança crucial na *história* da religião monoteísta. Na verdade, Abraão é considerado o primeiro profeta da humanidade.

Após uma história longa, apaixonante e cheia de adversidades, a crença em um único deus onipotente e todo poderoso — mais adiante conhecido como "Javé" — foi aceita entre os judeus há aproximadamente 2.700 anos. Ainda que Abraão seja venerado como o patriarca de sua pequena nação — Israel —, Moisés foi seu profeta principal e foi a quem Javé revelou os dez mandamentos que seus seguidores deviam obedecer para cumprir sua lei divina.

Foi assim que os judeus — "o povo escolhido" — ergueram-se como porta-vozes da verdade, argumentando que o judaísmo era a única religião autêntica. Dessa maneira, Israel se tornou o primeiro Estado monoteísta da história. Suas crenças religiosas serviram para reafirmar e enfatizar a ideia da qual os judeus estavam plenamente convencidos: somente poderia existir um único deus — Javé — para um só povo: eles. Pelo menos isso é o que prega seu livro sagrado — a Torá —, que contém a lei e o patrimônio cultural e identitário dos judeus.

Judeus contra cristãos

Há cerca de 2 mil anos surgiu um primeiro concorrente que pôs em xeque o monopólio monoteísta dos judeus: o cristianismo. Neste caso, seu profeta foi o judeu Jesus de Nazaré, que afirmava representar deus e também o chamava de "Pai". Educado no judaísmo, Jesus é conhecido como o "Cristo", que significa "o messias" em hebraico. De fato, seus primeiros discípulos eram considerados "judaico-cristãos". O conflito entre uns e outros começou porque a mensagem revolucionária desse filósofo questionava a ordem social estabelecida e atentava contra as instituições políticas e religiosas de sua época.

Assim, décadas depois de ser condenado à morte, houve uma ruptura definitiva entre os judeus e os cristãos. Por um lado, os primeiros não reconheciam o Cristo como messias e salvador, pois seu profeta permanecia sendo Moisés. Por outro, os cristãos não queriam seguir nenhuma lei judaica, mas a nova fé que seu profeta havia revelado. Nesse sentido, o verdadeiro fundador do cristianismo não foi Jesus, e sim um de seus discípulos, Paulo de Tarso, mais conhecido como

São Paulo. Foi ele quem liderou seus seguidores para fundar a Igreja católica e adorar a nova versão de deus: aquele que havia enviado seu filho Jesus Cristo à Terra para iluminar a humanidade, que estava rodeada de trevas e escuridão.

É justamente a deificação de Jesus o que alavancaria o cristianismo ao nível mais alto do firmamento religioso, embora a divinização de seres humanos tivesse sido uma constante vários séculos antes. No entanto, havia algo muito novo nesse caso. Não porque Jesus era filho de um humilde carpinteiro, enquanto a maioria dos seres humanos endeusados haviam sido reis, monarcas, imperadores e faraós. O excepcional da sua divinização não tinha nada a ver com ele, mas com o que ele representava.

Até esse momento, acreditava-se que todos os outros deuses humanos haviam sido uma das muitas manifestações de uma das múltiplas deidades que povoavam os templos religiosos panteístas, henoteístas ou monolatristas. Mas sob uma ótica monoteísta, Jesus era considerado a única manifestação humana do único deus do universo. E nunca havia ocorrido um reconhecimento de tamanha magnitude em toda a *história* da religião.

Ao longo dos três séculos seguintes, a comunidade cristã foi crescendo exponencialmente em todas as regiões do Império Romano. Tudo graças à crença de que Jesus havia sido enviado para liberar os seres humanos de seus pecados, de modo que pudessem ir ao céu e evitar o inferno. Entretanto, a popularidade que essa nova religião da moda alcançou entre os cidadãos da época foi diretamente proporcional ao nível de perseguição realizada pela corte imperial. Entre outras atrocidades, tentaram queimar todas as igrejas que cultuavam

Jesus Cristo, destruir todos os seus textos sagrados e massacrar todas as pessoas que se declaravam "cristãs".

O CRISTIANISMO COMO RELIGIÃO OFICIAL

Chegou um momento em que o Império Romano se tornou tão extenso que o imperador Diocleciano — após retirar-se do seu cargo — decidiu dividi-lo em quatro territórios, cada um deles governado por um rei diferente. Essa importante decisão não surtiu o efeito esperado e levou a uma guerra civil entre os quatro aspirantes, que começaram a rivalizar para conquistar o trono. Segundo a lenda, um deles — Constantino I — teve um sonho premonitório no dia anterior a uma batalha decisiva contra um de seus adversários. No sonho, ele viu uma cruz luminosa no céu com a seguinte mensagem: "Com este símbolo, você vencerá".

Apesar de não comungar com o cristianismo, no dia seguinte, fez com que todos os membros de seu exército pintassem esse símbolo cristão nos escudos. Depois, obteve uma vitória que abriu o caminho para que ele fosse proclamado o único imperador de Roma. Ao atribuir seu sucesso ao deus de Jesus Cristo, Constantino I não só acabou com a perseguição contra seus seguidores como, pouco depois de subir ao trono — no ano 313 —, legalizou o cristianismo por meio do famoso Édito de Milão. A verdade é que isso não foi nada mal. Ele logo percebeu o quão vantajoso era, do ponto de vista político, adotar uma religião monoteísta. Foi então que o politicomorfismo entrou em cena mais uma vez, deixando muito claro que, pelo fato de existir somente um deus no céu, só poderia haver um imperador na Terra.

Um pouco mais tarde — no ano 380 —, o cristianismo se tornou a religião oficial do Império Romano. Com isso, os cristãos passaram de minoria perseguida a maioria perseguidora, exterminando seus inimigos como haviam sido atacados por eles no passado. Assim como o judaísmo fez no seu tempo, o cristianismo se firmou como a única religião verdadeira. Com o apoio do império que a defendia, começou a impor a força de sua cosmovisão religiosa ao resto do mundo. Tanto é que o livro sagrado dos cristãos — a Bíblia — ainda é o mais lido da história até agora, com mais de 5 bilhões de cópias vendidas.[10]

Após o judaísmo e o cristianismo, surgiu — no ano 622 — uma nova religião monoteísta: o islã, fundado pelo profeta árabe Abū al-Qāsim Muḥammad ibn ʿAbd Allāh ibn ʿAbd al-Muṭṭalib ibn Hāshim, mais conhecido como "Maomé", que significa "o louvável" e é considerado "o último dos profetas". Principalmente porque — assim como aconteceu com Abraão, Zaratustra, Moisés e Jesus —, Maomé experimentou uma série de revelações divinas, que estão estampadas no Corão, o livro sagrado dos muçulmanos.

Entre outras coisas, afirmou ser o mensageiro de Alá, o único deus do universo. Nesse caso, a aceitação da sua pregação monoteísta não recebeu tanta resistência como acontecera com seus antecessores. A verdade é que Maomé disse explicitamente que Alá era Elohim e Javé, o deus dos judeus. Consequentemente, também era o mesmo deus sobre o qual Jesus falava. Em suma, o que esse profeta fez foi afirmar que o deus monoteísta judeu e o cristão sempre foram Alá, desde a sua primeira aparição nos tempos de Abraão.

Desde então, a batalha pelo monopólio monoteísta continua sendo enfrentada por seus três principais competidores: o judaísmo, o cristianismo e o islã. Curiosamente, essas três religiões têm vários pontos em comum. Para começar, as três garantem estar em posse da verdade, apresentando suas sagradas escrituras como uma expressão literal da palavra de deus. Na verdade, as três religiões veneram o profeta Abraão, que é considerado um personagem de muito destaque nas respectivas *histórias*. Esse profeta é um dos protagonistas da Torá — o livro sagrado dos judeus —, que vem a ser os cinco primeiros capítulos do Antigo Testamento da Bíblia, o texto de referência para os cristãos. Por sua vez, os muçulmanos contam com o Corão, onde Abraão também tem um papel de muito destaque.

Realidade ou ficção?

Mas o que são esses livros sagrados? Em essência, são um conjunto de mitos, poemas, orações e textos proféticos, muitos dos quais são inspirados em tradições orais que remontam há mais de 3.800 anos. Nas suas páginas, aparecem todo tipo de histórias — supostamente baseadas em fatos reais —, que relatam acontecimentos surrealistas e inverossímeis para os nossos dias. Além disso, trazem uma carga simbólica e metafórica espetacular.

Cabe destacar que há na Bíblia inúmeras passagens que são uma mistura de mitos e lendas emprestados de culturas e civilizações muito mais antigas, como a persa, a síria, a suméria ou a egípcia. Contudo, são adaptados e romanceados, com nomes e personagens diferentes. Por exemplo, o relato do dilúvio universal e a arca de Noé é quase uma cópia literal de um texto mesopotâmico.[11] A mesma coisa acontece com a história de Moisés sendo abandonado em uma cesta no rio ao nascer.[12] Inclusive, com a própria história de Jesus Cristo. Há muitos outros mitos ancestrais nos quais são relatados feitos praticamente iguais, como o dia de seu nascimento; ter uma mãe virgem; receber a visita de três reis do Oriente que seguiam uma estrela no céu; operar milagres, assim como morrer crucificado e ressuscitar no terceiro dia.[13]

Nesse sentido, quando olhamos de perto para a *história* da religião não é possível saber se todos esses textos são baseados em fatos reais ou são fruto da fértil imaginação humana. Por isso, tanto o judaísmo quanto o cristianismo e o islã se baseiam na "fé", isto é, no ato de acreditar cegamente no que os livros sagrados dizem, sem questionar o que seus profetas em tese disseram. Essencialmente, ao questioná-los, a palavra de deus seria colocada em questão e, como consequência, isso alteraria a ordem social estabelecida pelas instituições políticas e religiosas que continuam ostentando o poder até os dias de hoje.

Atualmente, essas três religiões monoteístas têm seus próprios "teólogos". Isto é, pessoas que se dedicam ao estudo de deus através da leitura e análise das suas respectivas escrituras sagradas. O problema está no fato de que muitos deles são ortodoxos e fundamentalistas: fazem uma interpretação literal dos textos sagrados — ou fundamentais —, acreditando piamente em tudo o que afirmam ter sido dito pelos seus respectivos profetas. Por essa razão, na maioria dos debates religiosos não há lugar para a autocrítica nem para o questionamento, pois isso poderia pôr em perigo os pilares que sustentam suas crenças arraigadas.

Seja como for, tanto a religião judaica como a cristã e a muçulmana se julgam as representantes de deus na terra, rotulando as outras duas como inteiramente falsas. Paradoxalmente, as instituições religiosas — seja do culto que forem — são a única coisa que se interpõe entre os seres humanos e deus. Essencialmente porque vendem uma ideia errada de como acessar o divino, distorcendo o papel que a verdadeira espiritualidade desempenha em nossas vidas.

Uma vez que é inconcebível que todas as religiões monoteístas estejam corretas, a conclusão mais razoável é que todas estão erradas.
CHRISTOPHER HITCHENS

V

EM NOME DE DEUS

> As religiões são como vaga-lumes:
> precisam da escuridão para brilhar.
> ARTHUR SCHOPENHAUER

HÁ MUITO TEMPO, UM HOMEM descobriu a arte de fazer fogo. No dia seguinte, começou a compartilhar essa descoberta tão excepcional com os demais habitantes que viviam nos povoados próximos. Não por acaso, naquela época todos eles sofriam a inclemência de um frio glacial, chegando a morrer congelados em alguns casos.

Assim que o homem chegou à primeira aldeia, apresentou aos habitantes os utensílios necessários para fazer fogo e, em seguida, ensinou a eles o passo a passo para acender uma fogueira. Em alguns dias, todos os vizinhos daquele povoado já sabiam como utilizar o fogo para se aquecer e cozinhar alimentos. Curiosamente, antes de agradecerem ao inventor revolucionário e generoso, ele já havia partido para o povoado seguinte. Não estava interessado em receber elogios, apenas queria que as pessoas se beneficiassem do fogo. E foi por causa dessa motivação nobre que ele percorreu a pé centenas de povoados de todo o país, levando luz e calor à vida de milhares de seres humanos.

Entretanto, logo encontrou um grande obstáculo. Os sacerdotes da época começaram a temer a enorme popularidade do sábio inventor. Com o passar do tempo, começaram a notar como estava diminuindo o controle e a influência que tinham sobre as pessoas. Por essa razão, decidiram envenená-lo. Após a sua morte repentina, os habitantes daquele país ficaram desolados, e começou a se espalhar o rumor de que o descobridor do fogo havia sido assassinado pelos clérigos.

Para evitar maiores conflitos, os sacerdotes afirmaram que aquele homem era na verdade um ser divino enviado por deus para iluminar a humanidade, e, para dignificá-lo, mandaram fazer retratos enormes do sábio inventor, que foram colocados no altar principal de cada templo. Também criaram uma série de rituais para honrá-lo. Na verdade, inventaram inúmeras festividades em seu nome. E foi assim que a casta religiosa se tornou sua representante, mediando entre o legado do inventor e o resto do povo. No entanto, naquele país, ninguém mais fazia fogo.

A cada semana, as pessoas compareciam em massa às igrejas para prestar homenagens a ele, venerando os utensílios que permitiam criar fogo. As cerimônias e os rituais eram seguidos ao pé da letra, tornando-se uma tradição nacional. Os sacerdotes recordavam, em sermões grandiloquentes, os benefícios inerentes ao fogo. As pessoas aplaudiam e adoravam. Todos falavam do inventor. Tem sido assim há mais de 2 mil anos. Hoje em dia, há grande quantidade de "santinhos" com desenhos das chamas, *além de canções que falam sobre o calor e o cheiro do fogo. Contudo, desde a morte daquele inventor revolucionário, nunca mais voltaram a acender fogueiras naquele lugar.*[1]

17. A ironia de Jesus de Nazaré

Na cosmovisão ocidental em que fomos educados, quase ninguém duvida que Jesus de Nazaré continua sendo o personagem mais influente que o mundo conheceu. Prova disso é que o ano em que vivemos contabiliza o tempo transcorrido desde que ele nasceu. Parece mentira que um pobre carpinteiro tenha sido capaz de dividir a história humana em duas: antes e depois de seu nascimento.

Entretanto, tudo o que sabemos dele chegou até nós através dos quatro evangelhos canônicos — Mateus, Marcos, Lucas e João — que aparecem no Novo Testamento da Bíblia. Em outras palavras, a versão oficial da Igreja católica apostólica romana, que se acredita ter sido inspirada por deus, costuma ser lida de maneira literal e é considerada como verdade absoluta. Sem falar que os fatos relatados foram escritos — no mínimo — trinta e cinco anos depois de sua morte.

Os demais documentos históricos que falam da vida e obra de Jesus — entre os que se destacam os evangelhos apócrifos, os evangelhos gnósticos ou os manuscritos do mar Morto — não recebem a mesma credibilidade entre a comunidade teológica cristã contemporânea. Na verdade, não são aceitos como fidedignos pela Igreja católica, principalmente porque questionam a imagem divina que se pretende dar a Jesus na Bíblia.

Nesse sentido, é fundamental diferenciar o "Jesus histórico" e o "Jesus divino", isto é, o "Jesus de Nazaré" — um ser humano de carne e osso — e o "Jesus Cristo", uma idealização criada pelos seguidores da religião cristã, que o consideram "o filho de deus". Então, sob uma perspectiva puramente histórica, quem foi Jesus? Em essência, foi um pobre camponês judeu que nasceu em Nazaré, há cerca de 2 mil anos, e viveu uns 33 anos entre a Galileia e a Judeia, que nos dias de hoje correspondem a Israel e Palestina.

Poucos anos depois de seu nascimento, essas duas províncias foram ocupadas pelo Império Romano. Do dia para a noite, seus habitantes tiveram que começar a pagar impostos ao imperador de Roma. Isso era algo que causava furor especialmente entre os seguidores da lei judaica, que consideravam Israel não pertencente a esse governo estrangeiro, mas ao deus único no qual acreditavam. A casta religiosa, por sua vez, havia sido completamente corrompida, tornando-se uma leal aliada do estado totalitário da época, que levava a maioria da população judaica à pobreza e ao desespero.

Ainda que se saiba que, durante sua adolescência, Jesus trabalhou como carpinteiro e pedreiro, ele também se transformou em um buscador espiritual. Rebelde e inconformista, desde muito jovem começou a questionar as crenças com as quais havia crescido. Ao aprofundar-se em seu próprio ser, viveu uma experiência mística de conexão e unidade com a vida que mudaria sua forma de estar no mundo para sempre.

Foi então que se transformou em um livre-pensador e em um filósofo que decidiu compartilhar sua mensagem com todos aqueles que estivessem dispostos a escutá-lo com a mente aberta. Seus ensinamentos promoviam valores como amor, felicidade, compaixão, perdão, humildade, serviço, confiança, entrega, ética, meditação, transcendência do ego e reconexão com o ser essencial. Entretanto, uma vez que ele se dirigia a pessoas analfabetas, tendia a utilizar metáforas e parábolas, muitas das quais foram mal interpretadas e distorcidas com o passar do tempo.

Ativista revolucionário

Por outro lado, Jesus de Nazaré foi um ativista revolucionário. De fato, ele é considerado um "zelote", isto é, um seguidor do movimento político e nacionalista que pretendia liberar Israel do incômodo estrangeiro. Jesus se atreveu a desafiar o governo do Império Romano, o mais poderoso que o mundo já conheceu. Após pregar em muitos povoados e locais, chegou a Jerusalém, onde foi declarado culpado por insurreição.

Essa é a razão pela qual Jesus foi condenado à morte por crucificação. Esse tipo de pena capital não era utilizada apenas para matar o criminoso em questão, mas sobretudo para lembrar aos cidadãos o que poderia acontecer com eles se desobedecessem as leis do Império e se rebelassem contra elas. Por isso, era realizada em lugares públicos, onde todo mundo pudesse vê-la. O cadáver ficava pendurado até ser devorado pelos corvos... Desse modo, Jesus morreu por desafiar os ricos e os poderosos, ou seja, por atentar contra a corrupta casta sacerdotal e a impiedosa ocupação romana.

Décadas depois da sua morte, começou o processo de metamorfose entre o Jesus histórico e o Jesus divino: o Jesus Cristo. Segundo a Bíblia, Cristo foi concebido pelo Espírito

Santo e nasceu da virgem Maria em Belém. Depois de pregar a palavra de deus e operar muitos milagres, foi assassinado a pedido do povo judeu durante o mandato de Pôncio Pilatos. Três dias após ser crucificado para redimir os seres humanos de seus pecados ele ressuscitou e subiu ao céu, onde se encontra junto ao deus único do monoteísmo cristão. Acredita-se também que algum dia ele voltará para presenciar o juízo final, em que a humanidade será julgada por suas obras.

Essa nova imagem de Jesus se deve, em grande parte, à visão que São Paulo — o fundador do cristianismo — tinha sobre ele, embora jamais o tenha conhecido em vida. No entanto, com o tempo, a Igreja católica foi construída com os direitos de imagem desse profeta, apropriando-se da sua marca pessoal para perpetuar seu poder sobre milhões de indivíduos em todo o planeta. Desse modo, o Jesus histórico acabou sendo sepultado pelo Jesus divino, uma versão aprimorada para encaixar na agenda e nos interesses políticos e religiosos do Império Romano.

A ironia de Jesus de Nazaré é que o *status quo* político contra o qual ele se rebelou continua utilizando sua imagem até hoje como ferramenta de controle social. Ele também se tornou um ícone daquilo contra o que mais lutou: as instituições religiosas. Por outro lado, sua mensagem de amor, misericórdia, fraternidade e solidariedade foram manchadas pelas inúmeras guerras sangrentas que ocorreram ao longo da história para expandir o cristianismo que ele supostamente representa.

E não só isso. O exemplo de humildade e a austeridade que ele tentou inculcar em seus discípulos vai de encontro à opulência e aos luxos inerentes aos bispos do

Vaticano na atualidade. Em suma, se Jesus de Nazaré ressuscitasse hoje, não acreditaria no que os seus "seguidores" fizeram em seu nome. Certamente se rebelaria contra o Estado em que vivemos, assim como os dirigentes da Igreja católica, que tanto distorceram o patrimônio espiritual desse filósofo revolucionário.

> *Não penseis que vim trazer paz à Terra;*
> *não vim trazer a paz, mas a espada.*
> JESUS DE NAZARÉ

18. OS CRIMES DA RELIGIÃO

Nós, seres humanos, temos vivido majoritariamente na ignorância e na inconsciência, desconectados do ser essencial e, portanto, identificados com o *eu* ilusório. Por isso, com a consolidação dos três grandes monoteísmos — judaísmo, cristianismo e islamismo —, fomos criando instituições religiosas à imagem e semelhança do ego, projetando nosso lado obscuro sobre esse deus único.

Desde então, nossas motivações e ações se tornaram as motivações e ações de deus, mas sem limites ou consequências. Desse modo, a religião se tornou um instrumento perfeito para canalizar nosso medo e nossa dor, gerando todos os tipos de lutas, conflitos e divisões ao longo da história, em vez de construir pontes para a unidade da qual todos viemos.

Cometemos diversos crimes, barbaridades e atrocidades em nome de deus, de modo que esta palavra foi banalizada, corrompida e manchada de sangue. Essencialmente porque tem sido usada de maneira muito equivocada por pessoas que nunca experimentaram a sensação de paz e harmonia que a conexão espiritual com o ser essencial proporciona.

Por serem regidas pela crença, e não pela experiência, as diversas religiões são basicamente ideologias com as quais as pessoas se identificam para realçar a sensação de ser um *eu* separado. Como consequência, reforçam de modo inconsciente o sentimento de que estamos separados de deus, acreditando que se trata de um ser externo a nós. Esta concepção errônea do divino é a raiz de crenças tão limitantes e afirmações tão absurdas, como: "Meu deus é o único verdadeiro enquanto o seu é falso". Não por acaso um dos indicadores mais evidentes de que continuamos identificados com o ego é o fato de acreditarmos estar com a verdade.

No caso do cristianismo, esse dogmatismo se acentuou a partir do primeiro concílio de Niceia, celebrado no ano 325. Nessa ocasião, decidiram combater com intolerância e veemência os cristãos que se desviavam das sagradas escrituras — chamados de "hereges" —, assim como os não cristãos, especialmente judeus e muçulmanos, que eram considerados "infiéis". Foi então que emergiu o "fanatismo religioso", isto é, a crença cega de que somente uma fé é o caminho para a verdadeira salvação, enquanto as outras trilhas conduzem irremediavelmente à perdição.

As cruzadas e a inquisição

Com o passar dos séculos, o cristianismo e o islã foram conquistando cada vez mais poder e influência. Dado que ambos continuavam lutando para ser a única religião verdadeira, entre os séculos XI e XIII aconteceram as "cruzadas". Essas oito expedições militares foram impulsionadas pela Igreja católica para libertar a "Terra Santa" — os lugares onde Jesus viveu — da ocupação muçulmana. Como recompensa, os sacerdotes católicos prometeram o perdão de todos os pecados aos que partiram.

Do lado contrário — o islã —, foi promovida a *"yihad"* pela *"umma"*, ou seja, a "guerra", pela "comunidade muçulmana", enviando mártires às cruzadas para que lutassem contra seus adversários cristãos e morressem em nome de Alá. Nesse caso, os imãs islâmicos garantiram aos seus heróis que seriam recompensados com setenta virgens após a morte... Estima-se que, durante essas disputas bélicas, centenas de milhares de judeus, muçulmanos e cristãos mataram-se uns aos outros de maneira cruel. Por ironia, essas disputas ocorridas por motivos religiosos são denominadas "guerras santas".

A Igreja católica também profissionalizou a arte de acabar com a heresia por meio da "Inquisição". Sob esse título, várias instituições foram criadas a partir do século XII, e sua finalidade consistia em detectar e exterminar todos aqueles que comungassem com uma doutrina divergente dos ensinamentos oficiais, baseados nas sagradas escrituras da Bíblia. Por serem considerados inimigos do Estado, os hereges não só foram perseguidos e excomungados, mas muitos deles também foram torturados e condenados à morte. Foi assim que se começou a legitimar a violência, assassinando-se as pessoas em nome de deus. Em paralelo, as instituições religiosas dos três grandes monoteísmos se tornaram cada vez mais "androcêntricas" e "patriarcais", conferindo aos homens todo o poder e a autoridade. Desse modo, as mulheres foram depreciadas e privadas de qualquer possibilidade de assumir alguma posição de liderança. Foi assim que, lenta e progressivamente, passaram a ser propriedade dos homens, que consideravam que sua única função era a de gerar os filhos e lidar com os afazeres do lar. Na verdade, hoje em dia — em pleno século XXI —, as mulheres continuam sem poder ministrar missas nem ocupar cargos de direção em tais instituições, um privilégio reservado somente aos homens.

No âmbito do cristianismo — durante a época em que a Inquisição estava em vigor —, o corpo da mulher passou a ser visto como uma tentação que conduzia ao pecado. Tanto é que a Igreja católica acabou declarando que o feminino era algo "demoníaco" promovido pelo próprio diabo. De fato, entre os séculos XV e XVII, ocorreu a "caça às bruxas", em que milhares de mulheres foram queimadas em fogueiras por praticar "bruxaria", isto é, por elaborar poções e medicamentos, por dedicar-se à adivinhação e à magia, por terem interesse no conhecimento e na filosofia, além de manifestar condutas sociais e sexuais inapropriadas para as autoridades religiosas.

Por outro lado, após o *descobrimento* da América — uma expedição financiada pelos Reis Católicos —, a Igreja católica enviou milhares de missionários para evangelizar os indígenas das terras que haviam sido colonizadas. Esse processo de conversão à fé cristã significou a destruição da cosmovisão religiosa, da cultura e da vida de milhões de nativos americanos, que sofreram todo tipo de abusos e vexações da parte dos conquistadores.

Guerras entre católicos e protestantes

Um pouco mais adiante, durante os séculos XVI e XVII, houve várias guerras civis religiosas entre católicos e protestantes na Europa, que causaram a morte de dezenas de milhares de pessoas. Esses enfrentamentos sangrentos tiveram início quando o teólogo e frade Martinho Lutero defendeu, em 1517, a reforma da Igreja católica, dividindo essa instituição em duas. Foi então que começou a surgir uma infinidade de maneiras diferentes de conceber os ensinamentos da Bíblia, abrindo espaço a novas confissões cristãs. Como naquela época já existia a imprensa, essas novas ideologias religiosas se espalharam como rastilho de pólvora.

Além do catolicismo e do protestantismo, vale destacar a ortodoxia, o monofisismo, o nestorianismo, o anglicanismo, o presbiterianismo, o anabatismo, o metodismo, o pentecostalismo, o restauracionismo, o adventismo e o gnosticismo. Cada uma dessas correntes religiosas faz uma interpretação subjetiva diferente das escrituras sagradas. Além disso, dentro dessas tradições surgiram várias seitas divergentes, cada uma com seu próprio sistema de crenças. Estima-se que, hoje em dia, haja milhares de confissões cristãs diferentes em todo o mundo, e todas têm um traço em comum: consideram-se a única e verdadeira Igreja de Jesus Cristo.

Esse fanatismo religioso também fez com que, durante o século XVI, a Igreja católica profissionalizasse a arte da censura e do "obscurantismo", ou seja, a prática deliberada de ocultar a verdade a respeito de determinados fatos que atentavam contra a boa reputação dessa instituição. Também impediram que certos conhecimentos fossem difundidos entre a população, de modo que somente a elite — composta de reis, aristocratas, nobres, políticos, cardeais, bispos e sacerdotes — pudesse usufruir deles. Não é por acaso que as castas política e religiosa sempre souberam que as pessoas ignorantes são as mais fáceis de doutrinar, manipular e controlar.

A partir daí, ficou proibida a impressão de livros sem a autorização prévia do clero. Desse modo, todos aqueles manuscritos que não comungavam com as crenças cristãs foram queimados e destruídos. Em paralelo, foi elaborada uma série de "índices de livros proibidos", que eram considerados heréticos. O objetivo era impedir a popularização das novas ideias que questionassem os fundamentos cristãos e que divergissem da fé católica.

Nessas listas, também estava incluído qualquer tipo de texto que pudesse confundir os fiéis e prejudicar os costumes cristãos. Foi assim que a religião agiu como órgão censor, restringindo totalmente a liberdade de expressão e tolhendo a raiz da liberdade de pensamento. É claro que qualquer escrito relacionado com a sexualidade era diretamente rotulado de "satânico" e queimado na fogueira. Ainda que a Inquisição tenha sido abolida em 1834, esses índices perduraram até 1966.

É evidente que todas essas barbaridades não foram cometidas pela religião, mas foram executadas por fanáticos religiosos, isto é, seres humanos identificados com o ego, guiados crenças irracionais e movidos por medo, ignorância, inconsciência e dor. Sabemos que, nos dias de hoje — em pleno século XXI —, muito sangue continua sendo derramado por questões de fé. Prova disso é o interminável conflito entre judeus e palestinos em Israel. Em outras palavras, entre seguidores do judaísmo e fiéis do islã. É tanta guerra e violência gerada por motivos religiosos que a grande pergunta continua sendo: quantas vidas foram destruídas ao longo da história em nome de deus?

> *O fanatismo é uma supercompensação da dúvida.*
> Carl Gustav Jung

19. O medo do inferno

O cristianismo tem cerca de 2,4 bilhões de fiéis em todo o mundo. O denominador comum de todos eles é a admiração que sentem por Jesus Cristo. Na Espanha, por exemplo, duas em cada três pessoas se declaram católicas. Claro, destas pessoas, apenas 20% vão à missa todos os domingos,[2] de modo que a maioria é formada por "católicos não praticantes". Isso se deve a uma questão de condicionamento e tradição; eles acreditam no que acreditam porque, desde crianças, esse tipo de crença religiosa lhes foi inculcada, tanto em casa como na escola. E a única razão pela qual ainda acreditam nela é porque ainda não a questionaram.

Seja como for, a Igreja católica está profundamente enraizada em nossa cultura. Não importa quantos séculos se passem, a cosmovisão judaico-cristã continua fazendo parte do inconsciente coletivo da sociedade ocidental. Por isso, não é descabido afirmar que, de uma forma ou de outra, "todos somos cristãos". Para começar, vamos dar uma olhada no nosso calendário mais uma vez e lembremos, mais uma vez, que o ano em que vivemos é calculado a partir da data de nascimento de Jesus Cristo. Por outro lado, os nomes mais comuns em nossa sociedade — Antônio, Maria, José, Carmem, Manuel, Josefa, Francisco, Ana, Davi, Isabel, João, Teresa...[3]— são de origem judaico-cristã.

Por sua vez, a maioria das festividades que celebramos hoje estão relacionadas a essa entidade religiosa. É claro que nem sempre foi assim. As primeiras celebrações que nossos ancestrais festejavam estavam relacionadas aos deuses do politeísmo, que cultuavam os fenômenos da natureza que possibilitavam sua sobrevivência. No entanto, com a vitória esmagadora do monoteísmo, esses festivais e essas divindades passaram a ser considerados "pagãos". É um adjetivo pejorativo usado por judeus e cristãos para desqualificar qualquer crença ou ritual religioso que esteja fora dos dogmas de sua fé.

A fim de erradicar qualquer vestígio de paganismo na sociedade, a Igreja católica adotou muitas dessas festividades como suas. Desse modo, conseguiu impor a religião cristã em detrimento das antigas tradições, que foram desaparecendo lenta e progressivamente. Assim, a festa do solstício de verão — celebrada no final de junho, no hemisfério norte, para dar as boas-vindas ao calor — tornou-se o dia de São João, um dos principais santos do catolicismo.

Por outro lado, a festa de Natal estava relacionada ao solstício de inverno — época do ano em que o Sol atinge seu ponto mais baixo em relação ao horizonte no hemisfério norte, tornando os dias muito mais escuros. Na antiga civilização romana, nesse dia eles celebravam o *Natalis Solis Invicti*: a festa do "nascimento do sol invencível". A festa tem esse nome porque, a partir de então, a estrela solar começa a subir novamente pelo firmamento, fazendo com que os dias comecem a ser cada vez mais luminosos. É por isso que nossos ancestrais, que não tinham eletricidade como nós, celebravam este dia como "o triunfo da luz sobre a escuridão".

Após a implantação do cristianismo como religião oficial, a Igreja católica estabeleceu o nascimento de Jesus Cristo em 25 de dezembro para que os romanos não precisassem abandonar essa festa popular. Fez o mesmo com o resto das festividades e tradições pagãs. Por meio desse processo de personificação mitológica, essa instituição religiosa conseguiu se perpetuar no imaginário coletivo sem que percebêssemos. Estamos tão imersos e acostumados a viver com a iconografia cristã que a tomamos como certa.

O legado psicológico da tradição judaico-cristã

Além de controlar nosso calendário e estar muito presente em nossas festividades, a cosmovisão judaico-cristã ainda está enraizada em nossa mentalidade. Gostemos ou não, o legado psicológico dessa tradição religiosa ainda condiciona inconscientemente a nossa relação conosco, com os outros e com a vida. Deve-se ter em mente que, por séculos, a Igreja católica ocupou uma posição privilegiada de poder, influência e autoridade em nossa sociedade. A verdade é que, em cumplicidade com a Monarquia e o Estado, essa instituição religiosa determinou, em grande medida, o nosso modo de agir, bem como o nosso modo de conceber deus e o universo.

Assim, seu deus todo-poderoso, invisível e onipresente tem uma lista de "dez mandamentos" que devemos obedecer, dividindo o mundo em "santos" e "pecadores". São elas: "Amarás a Deus sobre todas as coisas. Não tomarás o nome de Deus em vão. Santificarás as festas. Honrarás teu pai e tua mãe. Não matarás. Não cometerás atos impuros. Não roubarás. Não darás falso testemunho ou mentirás. Não cederás a pensamentos ou desejos impuros. Não cobiçarás os bens alheios".

Longe de serem recomendações existenciais voluntárias, a fé cristã deixa bem claro que, no final de nossas vidas, seremos julgados por esse deus punitivo, a quem devemos adorar cegamente e obedecer com submissão. Nesse sentido, dependendo de como foram nossas ações — se "pecamos" muito ou pouco ao longo de nossas vidas —, nossa alma descansará no céu ou queimará no inferno por toda a eternidade. Por mais irracionais que esses tipos de crenças possam parecer hoje, muitos crentes sofrem de "hadefobia", ou seja, um medo profundo do inferno, que causa angústia crônica, estresse e ansiedade.

Da mesma forma que para fazer com que um burro se mova é preciso colocar uma cenoura na frente dele ou bater por trás dele com uma vara, a Igreja católica usa recompensa e castigo para influenciar nosso comportamento. Por um lado, nos oferece prêmios e incentivos na vida após a morte para que nos comportemos como bons samaritanos na vida presente. Pelo outro, ameaça-nos com penalidades e sanções divinas para nos impedir de cair em tentação e agir como pecadores.

Foi assim que o judaico-cristianismo incutiu em nós uma certa "moralidade", isto é, um ponto de vista subjetivo sobre como as coisas deveriam ser. Em essência, trata-se do conjunto de normas sociais rígidas que temos de seguir para sermos considerados "boas pessoas" aos olhos de deus, bem como dos rígidos códigos de conduta aos quais devemos aderir para agir corretamente e sermos merecedores de sua graça.

É claro que a crença neste legislador e juiz divino impede muitas pessoas de cometerem certos crimes e ofensas. No entanto, a consequência direta da imposição dessa moral cristã é que a ética e a integridade — caso existam — não emergem livre e voluntariamente do ser essencial. Ao contrário, tornam-se algo forçado do exterior. Com isso, muitas das ações em tese altruístas realizadas por crentes fiéis não são um fim em si mesmas, mas um meio de ir para o céu e escapar do inferno, ou seja, para receber uma cenoura e evitar uma varada.

Por outro lado, a religião católica continua a ser dona do monopólio dos ritos fúnebres. No Ocidente, quase todos os velórios são presididos por uma cruz e oficializados por um padre. Nos cemitérios, por sua vez, a simbologia cristã aparece em todos os lugares. É claro que cada vez mais famílias estão optando por cerimônias laicas e utilizando formas alternativas de se despedir de seus entes queridos.

O SEXO COMO PECADO

Cabe destacar que a fé católica também julga e condena certas emoções humanas, que considera "pecado", de modo que não deveríamos experimentá-las. Trata-se dos "sete pecados capitais": ira, orgulho, inveja, ganância, gula, luxúria e preguiça. Devido à falta de educação emocional, em geral não temos ideia de como gerenciar essas emoções. Entretanto, devido ao excessivo condicionamento religioso, às vezes nos sentimos mal conosco pelo simples fato de experimentá-las.

A moralidade cristã é a razão pela qual não temos educação sexual na sala de aula. Essencialmente porque a Igreja católica considera a sexualidade que ocorre fora do casamento como um "pecado". De fato, para esta instituição, o ato de copular deve ser realizado apenas para fins reprodutivos. Tanto que, em pleno século XXI, continua incutindo em seus seguidores que eles nunca pratiquem a masturbação e a fornicação e que nunca usem um método contraceptivo. Nesse sentido, eles são advertidos de que, se fizerem um aborto, serão excomungados de sua religião. Além disso, a Igreja rejeita e condena a homossexualidade, proibindo o casamento entre duas pessoas do mesmo sexo entre seus fiéis.

Como consequência, no inconsciente coletivo da humanidade acreditamos que "o sexo é algo sujo, vergonhoso e pecaminoso". Esta é a razão pela qual muitos de nós reprimimos nossos impulsos e desejos sexuais, além de sofrermos com todos os tipos de disfunções na cama. Curiosamente, fazer sexo é algo tão necessário e natural quanto respirar, comer, dormir e fazer nossas necessidades fisiológicas. Ao condená-lo moralmente, estamos rejeitando uma dimensão de nossa condição humana. Essa fragmentação interna é a fonte de inúmeras neuroses e a causa de muito sofrimento e insatisfação.

Dessa forma, a moral cristã faz com que muitos de nós se sintam culpados por sentir certas emoções e por ter determinadas atitudes. Assim, a "culpa" é outro mecanismo psicológico que a Igreja usa para nos controlar e manipular. Daí surge o "arrependimento" e sua consequente "confissão". Além disso, eles nos fizeram acreditar que precisamos da figura externa de um salvador para nos ajudar a purificar nossos pecados e obter o "perdão" de Deus. Esse é o motivo pelo qual muitos ainda pensam que a classe clerical desta instituição religiosa — como bispos, padres e sacerdotes — é a única que pode ser a verdadeira intermediária entre nós e deus.

A partir dessa cosmovisão religiosa, não é suficiente perdoar-nos em nosso íntimo quando cometemos um erro, mas a salvação de nossa alma envolve inevitavelmente buscar um redentor externo. É assim que o cristianismo claramente encoraja a obediência. Aliás, ela está muito presente em seu discurso. Prova disso é que os membros do clero são os pastores encarregados de guiar os crentes, que eles criam como as ovelhas de seu rebanho ou congregação. Note-se que quanto menos ligados estivermos ao nosso poder interior, mais endeusamos e idolatramos figuras externas. Daí a suprema devoção por Jesus Cristo que continua até hoje, bem como a idealização absoluta de seu representante na Terra: o papa.

Com o intuito de nos manter em estado de dependência permanente, essa entidade religiosa também nos educa a acreditar que "o dinheiro é a raiz de todos os males" e que "os ricos são corruptos e mesquinhos". Embora a Igreja católica cultue a pobreza, a sede do Vaticano é um ícone de luxo, riqueza material e ostentação. É que os dirigentes dessa instituição não trabalham para erradicar as causas da pobreza; apenas se dedicam a aliviar os seus sintomas através da "caridade". Em outras palavras, eles dão peixe em vez de ensinar a pescar.

Por isso, o que seria da Igreja se não houvesse pobres ou pobreza? Onde estaria essa instituição se nós, seres humanos, experimentássemos deus em nossos corações? O que aconteceria se o Estado deixasse de financiá-la com dinheiro público? E, finalmente, o que aconteceria com essa entidade religiosa se a humanidade se reconectasse com sua verdadeira dimensão espiritual? Bem, é claro e simples que ela desapareceria da face da Terra para sempre.

Esperar que a vida o trate bem por ser uma boa pessoa é como esperar que um tigre não o ataque por ser vegetariano.
BRUCE LEE

VI

O DESENCANTAMENTO DO MUNDO

> O destino de nossa época é caracterizado pela racionalização e a intelectualização; mas, sobretudo, pelo desencantamento do mundo.
> MAX WEBER

UM JOVEM CIENTISTA FOI CONDECORADO com um prêmio pelas descobertas encontradas durante sua última pesquisa. No final do jantar de gala, uma orquestra de músicos subiu ao palco para continuar a diversão da noite. Nesse momento, sua esposa fez um gesto para que ele a convidasse para dançar. Paralisado de medo, ele balançou a cabeça em sinal de negação e implorou que ela não insistisse.

Em seguida, a esposa do tímido cientista começou a dançar em direção à pista de dança, provocando sorrisos em todos os membros da banda. Ela ficou dançando sozinha, dando tudo de si por quase um minuto, enquanto o resto dos convidados olhavam para ela incrédulos. Apavorado, o marido encolheu a cabeça entre os ombros como uma tartaruga que se esconde dentro do casco. Por causa da sua insegurança, aquele jovem cientista nunca havia dançado.

Logo depois, alguns participantes seguiram os passos daquela mulher corajosa e começaram a dançar como loucos ao seu lado. Em poucos segundos, a pista estava lotada de intelectuais envolvidos pelo ritmo daquela música tão animada. De longe, o cientista tímido olhou para eles com assombro. Não conseguia entender como aquelas pessoas — supostamente sérias, racionais e respeitáveis — moviam os braços e balançavam as pernas de forma tão caótica, sem nenhum tipo de ordem ou harmonia.

No meio de toda aquela multidão de dançarinos, ele cruzou o olhar com sua esposa de novo, que gesticulou para que ele fosse dançar com ela. Incapaz de vencer seu constrangimento, ele negou outra vez. Dessa vez, o cientista apaixonado soprou-lhe um beijo com a mão como forma de desculpas. Foi então que ele teve um lampejo. "Tenho que aprender a dançar", disse a si mesmo.

No dia seguinte, ele foi à biblioteca e procurou os melhores livros para se iniciar na arte da dança. Foi assim que começou a devorar um ensaio atrás do outro, um mais denso do que o outro: "Teoria da Dança". "Antropologia da dança". "Psicologia do ritmo"... Em menos de três meses, foram lidos mais de cinquenta ensaios.

Em paralelo às horas que se dedicava à leitura, passou a frequentar diferentes pistas de dança. Ficava sentado no bar por horas, observando de longe como o resto das pessoas dançava. Assim continuou por anos, lendo, pesquisando e documentando tudo relacionado à dança. Também começou a elaborar relatórios *com cálculos matemáticos sofisticados, nos quais analisava e refletia sobre os músculos exatos que as pessoas moviam quando dançavam. Também começou a medir o ritmo, a velocidade e o movimento dos diferentes estilos musicais... No entanto, ele ainda não se sentia pronto para dançar com sua esposa.*

Apesar de conhecer algoritmos elaborados, aquele cientista não conseguiu resolver o único mistério que restava a ser decifrado: não fazia ideia de onde as pessoas tiravam a coragem para vencer o medo do ridículo, nem sabia o que provocava tanta alegria naqueles que dançavam. Sua perplexidade era tanta que ele se sentia incapaz de dançar. E assim passaram-se os anos, até que o cientista decidiu escrever um livro para expor tudo o que havia aprendido na vida adulta sobre dança e música. Ele passou mais de uma década escrevendo sozinho em seu escritório. E finalmente publicou. Intitulava-se "A ciência da dança" e era composto por dez volumes muito grossos. Esse livro se tornou um "best-seller" mundial e fez de seu autor o maior especialista da humanidade em história da dança.

Já idoso, recebeu o prêmio de honra da associação internacional de dança por sua enorme contribuição para esta disciplina. Curiosamente, conseguiu esse feito sem nunca ter pisado em uma pista de dança. Naquela mesma noite, ele teve um ataque cardíaco e morreu. Junto à cama onde estava deitado, encontraram um diário que continha as suas últimas palavras, escritas logo após receber aquele reconhecimento: "Como teria sido diferente a minha vida se, em vez de me dedicar ao estudo da dança, eu tivesse simplesmente me permitido dançar".[1]

20. O ASSASSINATO DE DEUS

Assim como toda causa gera um efeito, toda ação gera uma reação. Por este motivo, após um longo período de humanidade governada pela intolerância, pelo fanatismo e pelo obscurantismo religioso — chamado de Idade Média ou Idade das Trevas —, surgiu com força, em meados do século XVIII, uma nova etapa protagonizada pelo Iluminismo. Trata-se um movimento cultural e intelectual iniciado na Europa cujo objetivo era iluminar as sombras da ignorância através das luzes do conhecimento e da razão, além de evitar que os seres humanos continuassem matando uns aos outros em nome de suas crenças religiosas. Por isso, este estágio também é conhecido como o "Século das Luzes".

Foi então que se consagrou o "método científico", a ferramenta utilizada pela ciência para combater a irracionalidade e a superstição defendidas pela religião. Essa metodologia consiste em uma série de etapas específicas muito precisas, que permitem demonstrar e atestar que certos conhecimentos são realmente objetivos e verdadeiros, e que, portanto, não estão sujeitos à crença nem à interpretação subjetiva. Principalmente porque o método só aceita como válidos os fatos que foram comprovados e verificados empiricamente, por meio de experimentação, análise, avaliação e comparação de resultados.

Tal foi a inspiração causada por essa nova abordagem mais lógica e racional que encorajou cada vez mais pessoas a começarem a questionar a cosmovisão religiosa com a qual foram condicionadas. De repente, alguns corajosos filósofos[2] pararam de seguir cegamente o "teísmo" — a crença de que existe um deus que criou o universo — e abraçaram seu oposto: o "ateísmo", isto é, a crença de que não existe nenhum tipo de deidade. Diferentemente das etapas anteriores, essa nova corrente ideológica começou a se consolidar como alternativa ao *status quo* religioso da época.

No entanto, durante a Idade das Trevas, o adjetivo *ateu* era um insulto empregado de maneira muito negativa e depreciativa. Na verdade, o ateísmo era uma concepção existencial subversiva e escandalosa. Se a crença em outro deus que não o cristão já era uma heresia, negar sua existência era algo inconcebível. Por isso, esse tipo de crença teve de ser erradicado para preservar a ordem religiosa estabelecida. Tanto que indivíduos considerados ateus muitas vezes acabavam em frente a algum tribunal da Inquisição e, como consequência, eram queimados na fogueira.

Desse modo, o ateísmo surgiu para desmascarar o poder político que os sacerdotes ostentavam por trás das sombras e para fortalecer de novo o indivíduo em detrimento das instituições religiosas. Em essência, o que ele pretendia era libertar os crentes da alienação psicológica e intelectual a que haviam sido submetidos pela Igreja católica. É que, para os ateus, "a religião é o ópio do povo".[3] Por isso, essa ideologia defende o ceticismo e o pensamento crítico como meios de combater a submissão e a credulidade e faz isso colocando a razão em detrimento da fé, justamente porque esta leva as pessoas a acreditarem em deus sem ter nenhuma evidência que prove sua existência.

"Deus está morto"

No final do século XIX, o ateísmo experimentou um ponto de virada excepcional na Europa. Foi a partir daí que o slogan ateu mais popular de toda a história entrou na moda: "Deus está morto".[4] A partir do século XX, essa corrente filosófica começou a crescer e se espalhar pelo mundo, fazendo com que os ateus[5] fossem cada vez mais relevantes e socialmente aceitos. Desde então, alguns deles se tornaram fanáticos e radicais. Entre estes, destacam-se os membros do chamado "novo ateísmo",[6] um movimento intelectual com origem no início do século XXI e cujo senso de identidade é baseado no seu antagonismo feroz com o teísmo. Na verdade, eles se declaram acima de tudo "antiteístas".

Nesse sentido, consideram que chegou a hora de desmascarar a fé e erradicar a religião, pois, para a ciência e a razão, elas não se sustentam sob nenhum ponto de vista. O paradoxo dessa corrente de pensamento é que ela é tão veemente, dogmática e intolerante quanto o adversário contra o qual luta. Justificam sua cruzada intelectual alegando que não é possível comprovar cientificamente a existência de Deus. Ironicamente, o contrário também não pode ser provado. Por isso, o debate meramente racional entre teístas e ateus é tão estéril quanto interminável. Não surpreendentemente, o deus sobre o qual ambos os contendores falam é um mero conceito criado por meio de crenças desgastadas e pensamentos ilusórios, onde o ego se esconde.

O xis da questão é que o deus que os ateus alegam ter assassinado nunca nasceu. Ele só existiu — e continua existindo — na imaginação de quem acredita ou não acredita nele. Portanto, a única coisa que morreu quando esse "deus-crença" foi morto foi a imagem subjetiva e distorcida que os crentes acreditam que essa divindade deve ter. No entanto, a palavra *deus* aponta para uma direção que não pode ser compreendida através da mente, do intelecto, da linguagem ou da razão, uma vez que não se trata de uma crença, mas de uma experiência.

Assim como um pêndulo oscila de um extremo ao outro até encontrar seu ponto de equilíbrio, algum dia a humanidade transcenderá a dualidade criada entre o teísmo dos crentes e o ateísmo dos ateus — os dois pontos opostos do pêndulo religioso. Em vez de continuar olhando e buscando fora de nós mesmos, perdidos no labirinto de nossas próprias mentes, finalmente experimentaremos deus dentro de nós. No entanto, como a espiritualidade foi sequestrada pela religião, o "deus-experiência" permanece apenas ao alcance daqueles que ousam questionar ambas as correntes ideológicas. Os verdadeiros livres-pensadores não são aqueles que desfrutam da liberdade de pensamento, mas aqueles que deram um passo adiante e se libertaram do peso da mente e da prisão dos pensamentos.

> *O primeiro gole do copo da ciência o tornará um ateu,*
> *mas, no fundo do copo, Deus estará esperando por você.*
> WERNER HEISENBERG

21. O FANATISMO CIENTÍFICO

Ninguém tem dúvidas de que o método científico é uma bênção para a humanidade. Graças à curiosidade, à pesquisa e à análise dos cientistas, fizemos avanços incríveis que melhoraram drasticamente nossa qualidade de vida. No entanto, assim como muitas vezes se confunde religião com espiritualidade, é fundamental diferenciar a ciência do cientificismo.

Etimologicamente, a palavra "ciência" vem do latim *scientia*, que significa "conhecimento" ou "saber". Trata-se de uma disciplina que observa e estuda os fenômenos naturais que fazem parte da realidade, incluindo nossa própria condição humana. Em essência, é uma maneira de pensar, olhar as coisas e entender o mundo, e a sua função é descobrir novas ideias e soluções que nos ajudem a responder aos desafios existenciais que surgem a cada momento da nossa evolução.

Por outro lado, o "cientificismo" é um movimento intelectual fanático e radical que afirma categoricamente que a ciência é a única fonte de conhecimento verdadeira, legítima e confiável, e que todo conhecimento que não pode ser demonstrado e verificado pelo método científico é falso e não tem nenhum valor intelectual. Em outras palavras, o cientificismo é a versão religiosa da ciência.

Nesse sentido, a ciência se concentra no estudo de fenômenos físicos, tangíveis e materiais, e o faz com humildade e ceticismo, duvidando de tudo, inclusive de si mesma. Ela conhece muito bem seus limites e suas imperfeições. Não por acaso, ela tem consciência de que existem áreas e dimensões incompreensíveis para o intelecto e a razão. Sabe até onde se estende seu campo de pesquisa com base nos meios de que dispõe para realizar seus experimentos. É por isso que permanece neutra em relação às novas ideias para as quais ainda não possui evidências científicas suficientes para provar se são verdadeiras ou falsas.

A ciência defende que "algo é verdade até onde se sabe no momento", justamente porque verificou a impermanência que rege a vida, segundo a qual nada é para sempre e tudo está em constante mudança. Não há evidências para sustentar que tudo o que consideramos verdade hoje permanecerá imóvel amanhã. Por isso, os verdadeiros cientistas adotam uma postura humilde e flexível, abrindo suas mentes para informações novas, diferentes e desconhecidas. Se necessário, eles têm a capacidade de questionar a si mesmos, bem como aquelas crenças que consideram verdadeiras há muito tempo. Além disso, sua curiosidade os leva a mudar, inovar e aprimorar os métodos, abordagens e ferramentas que utilizam para realizar suas pesquisas.

A arrogância do cientificismo

O cientificismo, por sua vez, é arrogante, rígido e dogmático. Parte da premissa de que ele sustenta a verdade absoluta. Devido ao seu hiper-racionalismo, ele nega a existência de qualquer coisa que não possa ser vista ou tocada. Também rejeita frontalmente tudo o que não pode ser medido por cálculos matemáticos ou verificado por meio de tubos de ensaio em laboratório. Além disso, os cientificistas classificam com desdém como "pseudociência" qualquer ideia ou solução que não possa ser testada pelo método científico. Uma vez que subestimam a dimensão intangível da nossa condição humana, ridicularizam e demonizam de maneira sistemática a religião, a metafísica e a espiritualidade, colocando-as no mesmo saco.

Por ironia, o cientificismo se contradiz ao afirmar que "a ciência é o único caminho para obter um conhecimento objetivamente verdadeiro e genuíno". Em essência porque essa afirmação não pode ser comprovada através do método científico. No entanto, para os cientificistas, suas crenças e seus argumentos são verdadeiros simplesmente porque defendem a ciência, apesar de carecerem de justificativa científica.

Os cientificistas são fanáticos pela ciência; pensam e agem exatamente como os fanáticos da religião, tanto que declaram que "a ciência é ateia". De maneira semelhante ao ateísmo, o cientificismo surgiu na Europa para combater a superstição e a irracionalidade. No entanto, com o tempo, passou a imitar aquilo contra o qual estava lutando, tornando-se a nova religião do século XXI. De "fora da Igreja não há salvação" estamos nos encaminhando para "fora da ciência não há conhecimento válido".

Além desse fanatismo científico, é válido destacar que a ciência não é ateia nem teísta e, embora até hoje não tenha conseguido verificar a veracidade da dimensão espiritual por meio de seus métodos, provavelmente o fará mais cedo ou mais tarde. Ainda que seja impossível para a religião e o cientificismo chegarem a um acordo, a ciência e a espiritualidade estão fadadas a se encontrarem, e o farão no dia em que os cientistas comprovarem empiricamente, por meio de sua própria experiência subjetiva, o que místicos e sábios de todos os tempos vêm dizendo há milhares de anos.

O dia em que a ciência começar a
estudar os fenômenos não físicos,

*fará mais progressos em uma década
do que em todos os séculos anteriores de sua existência.*
Nikola Tesla

22. Quem criou o universo?

Desde tempos não datáveis, o ser humano tenta decifrar o mistério que envolve a criação e a origem do universo. A verdade é que ainda não temos certeza disso. É como se uma das células microscópicas que habitam nosso corpo tentasse entender como nascemos. E então o que é o universo? A palavra vem do latim *universum*, que significa "totalidade", ou seja, tudo o que existe. Absolutamente tudo, incluindo o espaço, o tempo, a energia e a matéria. Estima-se que 95% do universo seja composto de matéria e energia escuras, que permanecem um enigma para a comunidade científica. Os 5% restantes são formados por galáxias, estrelas, planetas, asteroides e meteoritos.

    A partir daqui, surgem diferentes teorias e hipóteses para tentar explicar a existência do universo. Do âmbito religioso — conduzido pelo teísmo—, a discussão teológica gira em torno da "criação". Nesse sentido, há uma crença compartilhada de que "deus criou o universo".[7] Assim, a maioria dos crentes considera que deus é uma entidade à parte de tudo o que existe, inclusive de nós mesmos. Isso ocorre porque eles se identificam com o ego: o *eu* ilusório que reforça a ferida da separação e a partir do qual formulam todo tipo de teorias sobre como deus foi capaz de criar o universo. No entanto, os ateus sempre contrariam esse argumento alegando que, se deus é o criador de tudo o que existe, então quem criou deus? Como essa pergunta não tem resposta, apegam-se à fé para evitar ter de respondê-la.

Por outro lado, no campo científico, a investigação e o debate concentram-se na "origem" do universo. Nesse caso, acredita-se que tenha se originado há cerca de 13,8 bilhões de anos a partir de um "átomo primordial", um ponto quente extraordinariamente pequeno, denso e de onde foi produzido o *big bang*,[8] que, em inglês, significa "grande explosão". Como consequência, toda a energia e matéria começaram a emergir, dando origem ao nascimento do espaço e do tempo como os conhecemos hoje. Desde então, o universo está se expandindo e esfriando em todas as direções.

Em um sentido mais concreto, o nascimento do universo está ligado a uma partícula que emergiu do nada, chamada de "Bóson de Higgs"[9] ou "a partícula de deus". De acordo com essa teoria, uma acumulação nuclear estava concentrada na referida partícula, que se transformou em uma massa de energia e matéria e acabou explodindo. Em suma, a versão científica parte da premissa de que o universo foi formado do "nada".

Assim como acontece com a perspectiva religiosa, é válido indagar-se: como foi criado este *nada* que existia antes do surgimento da partícula de deus que causou o *big bang*? E como pode ser que houvesse *algo* antes do universo se não havia energia, matéria, espaço ou tempo? Mais uma vez, é impossível responder essas perguntas hoje e muito menos testá-las e comprová-las empiricamente. Caso fosse possível, de que maneira tais descobertas poderiam ser demonstradas?

Por fim, há uma terceira hipótese principal — a "Teoria do estado estacionário" —,[10] que parte de um princípio metafísico que diz que "nada surge do nada".[11] Nesse caso, acredita-se que o universo não tem nenhum criador nem qualquer origem, isto é, não tem começo nem fim, mas existe desde sempre e para sempre, pois é literalmente infinito. Por isso, não faz sentido refletir sobre a causa última que está por trás desse mistério insolúvel.

> *Só há duas formas de viver a vida:*
> *uma é vivê-la como se nada*
> *fosse um milagre; a outra é fazê-lo como*
> *se tudo fosse um milagre.*
> ALBERT EINSTEIN

23. O DESERTO ESPIRITUAL

No século XXI, a religião permanece em boa forma. Cerca de oito em cada dez seres humanos em todo o planeta continuam comungando direta ou indiretamente com alguma fé religiosa. Destes, quase todos apoiam o teísmo e acreditam na existência de deus, seja ele qual for. É claro que a maioria não é praticante e nunca vai à igreja, sinagoga ou mesquita correspondente, sobretudo porque essas crenças não foram escolhidas de maneira livre e voluntária, mas lhes foram impostas ao longo de seu processo de condicionamento, tornando-se parte de sua cultura e tradição.

 O mercado da fé permanece liderado pelo cristianismo, que representa aproximadamente 35% dos crentes. Em segundo lugar está o islamismo (28%), e o último lugar neste pódio de honra é ocupado pelo hinduísmo, com 18% dos fiéis. No topo deste ranking mundial estão o budismo (8%) — que é mais uma filosofia do que uma religião —; as religiões étnicas da África, Ásia e América Latina (6%) — em algumas das quais o animismo ainda está vivo —; a religião tradicional chinesa (4%) — que inclui o taoismo e o confucionismo —; bem como o xintoísmo, o sikhismo, o juche, o judaísmo, o jainismo e o bahaismo.

Apesar de as crenças religiosas ainda governarem o inconsciente coletivo da humanidade, hoje vivemos um fenômeno cultural imparável e irreversível. À medida que as sociedades modernas se desenvolvem intelectual, econômica e tecnologicamente, a ciência está lenta, mas firmemente vencendo a batalha sobre a religião. De fato, quanto mais altos os níveis de educação e renda da população, menor é a sua predisposição para acreditar em deus. Com o passar dos anos, a fé e a superstição estão sendo substituídas pela lógica e pela razão, fazendo com que haja cada vez menos crentes e mais ateus.

Nesse sentido, estima-se que duas em cada dez pessoas no planeta não seguem nenhuma denominação religiosa.[12] Na verdade, o ateísmo não para de crescer no mundo ano após ano; cada vez mais pessoas não acreditam em nenhum tipo de divindade. Por sua vez, outros optam por abraçar o agnosticismo. Por considerarem que não há provas definitivas a favor ou contra a existência de deus, eles mantêm uma posição neutra, afirmando que se trata de uma questão inacessível e incompreensível para a condição humana.

Nesse contexto marcado pela ascensão do laicismo e pela progressiva secularização da sociedade, o que dizer da "espiritualidade laica", isto é, aquela que não está vinculada a nenhuma crença ou instituição religiosa, mas surge como consequência de conhecermos a nós mesmos e vivenciarmos a reconexão com o ser essencial? Embora a dimensão espiritual tenha sido sequestrada e anulada pela religião no passado, hoje ela é ridicularizada e demonizada pelo cientificismo, que se limita a classificá-la como "pseudociência da Nova Era".

O principal efeito desse excesso de fervor racional é que estamos testemunhando o triunfo do "niilismo",[13] que significa "a doutrina do nada". Trata-se de uma ideologia existencialista que considera que vivemos em um universo amoral e indiferente que não tem propósito nem finalidade. Assim, para os niilistas, a vida carece de qualquer sentido transcendente. Essa corrente de pensamento nasceu na Europa no final do século XVIII e começou a se popularizar no século XX, coincidindo com o auge do ateísmo. Não por acaso, "a morte de deus" que os ateus proclamavam significava o fim dos valores e da moral cristã para uma parte da sociedade.

A FUNÇÃO DO NIILISMO

Em suas origens, o niilismo surgiu para destruir os fundamentos da antiga e falsa cosmovisão religiosa que havia causado tanto dano à humanidade no passado, bem como para nos emancipar do jugo mental a que as instituições religiosas nos sujeitaram durante séculos. Assim, sua finalidade era ser o meio para levar a humanidade um passo acima da religião. No entanto, o niilismo acabou se tornando um fim em si mesmo. Como resultado, deixou para trás um *nada* gigantesco no coração de muitos seres humanos, que ficaram órfãos de sentido e significado. De repente nos sentimos livres, mas para quê? Se a vida não tem sentido e não há propósito transcendente, o que fazemos agora com nossa liberdade?

Não encontrando respostas convincentes para essas perguntas, a nova crença compartilhada por mais e mais pessoas é a de que o universo é governado pelo caos, pelo acaso, pela aleatoriedade e pela casualidade. Como consequência, que importância tem o que fazemos com a nossa existência? Que diferença faz como nos comportamos uns com os outros? Não há mais nenhum deus punitivo que esteja observando nossas ações do céu, nem um julgamento final em que tenhamos que prestar contas, muito menos um inferno em que nossa alma arda para sempre.

A morte do deus-crença significou o nascimento do indivíduo egocêntrico como o conhecemos hoje. Quem não acredita ser o umbigo do mundo e o centro de seu universo? Pelo fato de não conhecermos a nós mesmos, em geral permanecemos identificados com o *eu* ilusório e desconectados do ser essencial. Além disso, por não termos curado nossa ferida de separação — o verdadeiro pecado original —, a maioria de nós sente um vazio existencial insuportável; há um buraco negro dentro de nós que não é preenchido com nada.

Devido ao deserto espiritual em que vivemos, a sociedade ocidental está se degenerando e em total declínio. O racionalismo, o ateísmo, o niilismo e o cientificismo são, neste momento, os novos pilares do *zeitgeist* — ou "espírito do nosso tempo" —, caracterizado pelo desencantamento do mundo.[14] É um sentimento de cinismo, decepção, desilusão e descontentamento generalizados que leva cada vez mais pessoas a não acreditarem em nada, a começar por não acreditarem em si mesmas.

O niilismo gerou uma profunda rachadura em nossa cosmovisão, provocando o início do fim de um longo período governado por uma "religião sem espiritualidade". Por isso, devemos dar-lhe o enorme crédito que merece, sentindo-nos gratos pela contribuição prestada. No entanto, chegou a hora de dar um passo adiante, transcendendo o atual debate ideológico meramente racional e conceitual. Os tempos vindouros exigem novos métodos e abordagens alternativas. Isso significa deixar para trás o campo das *crenças* para começar a entrar no campo das *experiências*.

Sem dúvida, hoje estamos imersos em uma mudança de cosmovisão sem precedentes na história da humanidade. É claro que a mudança de paradigma de que este mundo tanto precisa só pode acontecer se cada um de nós, como indivíduo, viver uma experiência profundamente transformadora de unidade e conexão. Só assim será possível nos reconectarmos com o ser essencial e, portanto, com nossa dimensão espiritual laica. Este salto evolutivo é informalmente conhecido como "o despertar da consciência".

> *Vivendo, tudo nos falta;*
> *morrendo, tudo nos sobra.*
> Félix Lope de Vega

Segunda parte
O despertar da consciência

UMA RELIGIÃO SEM ESPIRITUALIDADE	O DESPERTAR DA CONSCIÊNCIA	UMA ESPIRITUALIDADE SEM RELIGIÃO
Velho paradigma	*Mudança de paradigma*	*Novo paradigma*
Eu ilusório (ego)		Verdadeira essência (ser)
Identificação com a mente (maya)		Consciência-testemunha (*atman*)
Sensação de separação e desconexão		Sensação de unidade e conexão
Condicionamento religioso		Experiências transformadoras
Teísmo (deus criou o universo)		Panteísmo (deus é o universo)
Deus está fora (deus-crença)		Deus está dentro (deus-experiência)
Instituições religiosas		Escolas de desenvolvimento espiritual
Com intermediários religiosos		Sem intermediários
Jesus Cristo como "filho de deus"		Jesus de Nazaré como "filósofo revolucionário"
Fiéis adormecidos e desempoderados		Viajantes despertos e empoderados
Rituais e sacrifícios		Autoconhecimento e desenvolvimento espiritual
Religião, ateísmo e niilismo	Crise espiritual	Espiritualidade laica
Crentes, agnósticos e ateus		Buscadores espirituais
Teologia		Misticismo
Reza e oração		Meditação e contemplação
Idealização de santos e mártires		Aprendizagem de sábios e filósofos
Dogmatismo e fanatismo		Respeito e tolerância
Psicologia convencional		Psicologia transpessoal
Universo caótico		Universo regido por leis
Acaso e coincidência		Sincronicidade e causalidade
Injustiça		Correspondência
Sem sentido e intranscendente		Sentido e transcendência
Medo de ir para o inferno		Inferno como metáfora psicológica
Desconfiança da vida		Confiança na vida
Vazio e sofrimento		Completude e felicidade
Tensão e controle		Fluidez e entrega

VII

A NOITE ESCURA DA ALMA

> Não há despertar da consciência sem dor.
> As pessoas são capazes de qualquer coisa
> — por mais absurda que pareça — para
> evitar confrontar a própria alma. Ninguém
> se ilumina fantasiando sobre a luz, mas
> tomando consciência da própria escuridão.
> CARL GUSTAV JUNG

ERA UMA VEZ UM BURRO que vivia uma existência miserável de escravidão. Era propriedade de um camponês idoso que se utilizava dele para cultivar os campos. A vida daquele burro era tão monótona e repetitiva que ele estava sempre triste e abatido por não desfrutar de liberdade. No entanto, estava resignado; em nenhum momento surgia a possibilidade de viver a vida de outra forma.

Um belo dia, o camponês pegou o burro para transportar algumas mercadorias para a cidade vizinha. Depois de terminar seu trabalho, eles voltaram para casa de madrugada por uma pastagem pela qual nunca haviam passado. A noite estava tão escura que mal conseguiam ver por onde andavam. De repente, o burro caiu em um poço vazio e abandonado que estava coberto de ervas daninhas. O homem pegou sua lanterna, olhou para baixo e viu que o burro ainda estava vivo. No entanto, notou que o buraco em que havia caído era muito profundo, concluindo que era impossível tirá-lo de lá. Como estava muito tarde, o camponês foi para casa, deixando o pobre animal ali.

O burro passou a noite inteira sozinho, lambendo as feridas, apavorado. No dia seguinte, o velho camponês apareceu acompanhado de outros moradores de sua cidade. Assim que os viu, o burro começou a zurrar de alegria, olhando para eles com um brilho especial nos olhos. No entanto, o camponês decidiu deixar o burro morrer ali. Claro, para que ninguém mais caísse naquele poço novamente, foi proposto selá-lo jogando terra nele. E foi assim, pá após pá, que eles encheram aquele buraco com areia. O animal percebeu de imediato o que estava acontecendo. Para evitar sua morte, ele começou a se mover com todas as suas forças, mas o poço era tão estreito que ele só conseguia girar em torno de si mesmo.

Depois que montes de terra caíram sobre ele, o rosto do burro ficou coberto de areia. Ele não conseguia ver nada e estava ficando cada vez mais difícil respirar. Foi então que começou a ter um ataque de ansiedade. Dessa vez, seu zurro transmitia impotência, pânico e histeria. Era de partir o coração. E justamente no momento em que desistiu — aceitando seu destino cruel —, recuperou a calma. E, em vez de tentar mover o corpo, ele ficou parado, abaixando a cabeça no chão.

Agindo assim, a terra parou de cair em seu rosto e, aos poucos, ele recuperou a visão e começou a respirar melhor. Como reflexo, começou a sacudir a areia que caía sobre ele, pisando nela e achatando-a com os cascos. Dessa forma, havia cada vez mais terra sob o burro, diminuindo a distância que o separava da saída daquele poço. O burro aprendera a usar a seu favor as pás de areia que lhe atiravam para enterrá-lo.

Horas depois, o velho camponês e seus vizinhos ficaram surpresos ao ver aquele animal sair sozinho. Assim que ele pisou na pastagem, todas as pessoas ficaram atônitas. O olhar do burro transbordava força, maturidade e otimismo. Sentiu-se grato pela experiência que acabara de ter naquele poço, como se tivesse morrido e renascido, e, com um brilho renovado nos olhos, deu uma última olhada em seu antigo dono e saiu trotando para a floresta, iniciando uma nova vida em liberdade.[1]

24. Hipnose coletiva

"Despertar" é algo que acontece de maneira gradual. E, embora geralmente culmine em um "momento ápice" — uma espécie de *eureca* ou epifania —, é sempre precedido por uma série de estágios arquetípicos anteriores que compartilham certas características gerais comuns. Quer estejamos cientes disso ou não, estamos todos em uma das cinco fases que governam o "desenvolvimento espiritual", ou seja, o processo de aprendizagem que nos permite transcender o ego e nos reconectarmos com o ser essencial.

A primeira etapa tem a ver com "a desconexão do ser". Lembremos que, desde o momento em que nascemos, estamos perdendo o contato com o *estado oceânico* que sentíamos quando estávamos no útero. Além disso, nos afastamos do sentimento de unidade de onde viemos e que nos acompanhou enquanto estávamos fundidos com nossa mãe. Como consequência, esquecemos nossa verdadeira identidade essencial, desconectando-nos de nossa dimensão espiritual.

Para compensar a dor insuportável que esse trauma de separação nos causa, começamos, de maneira inconsciente, a desenvolver o ego, uma couraça com a qual tentamos nos proteger do abismo emocional que significava estar vivo naquele momento. Com o passar dos anos, essa máscara artificial se torna nossa nova identidade. E, entre outras decepções, esse mecanismo de defesa ilusório nos leva à identificação com o corpo e a mente, acreditando que somos um *eu* separado da realidade.

Em paralelo a esse processo psicológico interno, começamos a receber inúmeros estímulos externos que nos influenciam fortemente na hora de construir e reforçar nosso falso conceito de identidade. Desde muito jovens, somos condicionados a nos comportarmos de determinada maneira pelo nosso ambiente social e familiar. Também somos programados pela escola e manipulados pelo sistema para pensar de certa maneira, adquirindo uma cosmovisão religiosa composta de crenças e valores dos outros.

Concluído nosso processo de desconexão, passamos para a segunda fase: "a negação do ser". Devido à doutrinação recebida, entramos na adolescência — e mais tarde na idade adulta — ignorando quem de fato somos. É assim que nos tornamos ignorantes de nossa própria ignorância, completamente inconscientes de como funcionamos por dentro. Devido à nossa falta de educação emocional e espiritual, sobrevivemos tiranizados pela nossa inconsciência, sempre olhando para fora. É precisamente nisso que consiste viver adormecido: no fato de não percebermos que *não percebemos*.

Uma sociedade de sonâmbulos

Assim como quando dormimos à noite acreditamos que o que estamos sonhando é verdade, quando dormimos durante o dia estamos convencidos de que o que pensamos é realidade. Muitos de nós, equivocados, confundimos o estado de vigília com viver despertos. No entanto, quando acordamos todas as manhãs — e em plena luz do dia —, em geral, continuamos vivendo como sonâmbulos: sequestrados pela mente e possuídos pelo pensamento. Prova disso é que não conseguimos parar de pensar nem por um instante.

Esse estado de vigília é chamado de "inconsciência ordinária"[2], precisamente porque é assim que a maioria de nós vive todo dia. Ao negar o ser essencial, a ferida da separação nos causa a sensação incômoda, irritante e permanente de que nos falta algo para nos sentirmos completos. Por isso tendemos a buscar conforto, somos viciados em entretenimento e é quase impossível ficarmos sentados sem fazer nada. A verdade é que são muito poucos os que se sentem verdadeiramente à vontade consigo. O resto passa a vida fugindo, olhando para o outro lado e indo a lugar nenhum. Curiosamente, esses comportamentos neuróticos são aceitos na sociedade como algo "normal".

A verdade incômoda é que a sociedade contemporânea vive em estado de hipnose coletiva, e o sistema se aproveita disso. A propaganda transmitida pelos meios de comunicação de massa diária e subliminarmente insere diversas mensagens em nosso subconsciente. É por esse motivo que tendemos a levar o mesmo estilo de vida padronizado, baseado em trabalhar, consumir e fugir o máximo que pudermos enquanto podemos. Também votamos a cada quatro anos e pagamos religiosamente nossos impostos para que possamos culpar os políticos atuais pelos nossos problemas.

Assim, mais cedo ou mais tarde nos acomodamos e nos resignamos a levar uma existência pré-fabricada — puramente materialista —, caminhando com os olhos vendados pela larga avenida por onde circula a maioria das pessoas. E não é só isso. A sociedade também se tornou um grande teatro cheio de máscaras, disfarces e falsários. Nesse sentido, ao interagir com outros seres humanos, tendemos a ter relações banais e encontros inconsequentes, cheios de gente e barulho, mas carentes de conexão, autenticidade e intimidade. Tudo gira em torno do interesse próprio do ego, causando inúmeros conflitos com aqueles contra os quais competimos e que, por sua vez, competem conosco.

O culto ao ego

A ironia da nossa época é que, embora nunca tenhamos sido tão ricos em um nível material, nunca fomos tão pobres em um nível espiritual. Sendo tão subdesenvolvidos espiritualmente, continuamos obcecados com o crescimento econômico. Como um antídoto para a monotonia e o tédio provocados por uma existência sem sentido, a adoração do ego se tornou a nova religião. Por isso de maneira inconsciente acreditamos que, para sermos felizes, devemos satisfazer nossas necessidades, realizar nossos desejos e cumprir as nossas expectativas egoicas. Parece que temos que nos tornar alguém, em vez de apenas ser quem somos.

Por sua vez, quanto mais nos tornamos infelizes, maior é o nosso consumo de bens materiais. Assim, em vez de resolver a raiz do problema interno — a identificação com o ego —, continuamos olhando e pesquisando fora; criando conflitos novos e cada vez mais sofisticados. Movidos por um hedonismo frívolo e trivial, estamos nos perdendo no labirinto do materialismo, comprando todo o tipo de coisas que não precisamos com a intenção de encobrir a dor causada por viver tão desconectados de nós mesmos, dos outros e da vida.

Como consequência disso, estamos nos afogando no hiperconsumismo, transformando o planeta em um enorme lixão. Não à toa nosso desconforto e nossa ganância existencial são cúmplices da destruição da natureza que torna possível nossa sobrevivência como espécie. Na verdade, já estamos em dívida com a mãe Terra e, em breve, ela começará a cobrar seu preço. Seja como for, a realidade é que nada é suficiente. Sempre precisamos, queremos e esperamos algo mais. O ego é insaciável por natureza. Não importa o que temos ou recebemos: ele sempre se sentirá insatisfeito.

Prova disso é que hoje a infelicidade tomou conta do nosso mundo interior. É por isso que todos nós — absolutamente todos — estamos em busca de algo mais. Alguns de nós procuram esse algo na religião. Outros no dinheiro e no sucesso. No poder. Na fama. No trabalho. No consumo. Na comida. No sexo. Na droga. No futebol. Na parceria amorosa. Nas crianças... Querendo ou não enxergar, somos uma civilização de buscadores, sem saber que, na realidade, estamos procurando por nós mesmos. O que realmente procuramos está dentro, e não fora. Trata-se da reconexão profunda com o ser essencial, nossa verdadeira identidade. No entanto, olhar para dentro é um caminho que nos aterroriza.

Sejamos crentes, ateus ou agnósticos, deus nos livre de questionar as crenças com as quais inconscientemente cocriamos nosso falso conceito de identidade! A última coisa que temos em mente é mudar nossa maneira de pensar. Sobretudo porque isso envolveria o que o ego menos suporta: supor que estamos errados. Para evitar o incômodo de reconhecer nossa própria ignorância, inconscientemente nos apegamos à nossa zona de conforto, tanto física quanto intelectual. Agindo assim, conseguimos nos dar bem em um nível superficial, sobrevivendo a uma existência vazia, insípida e cinzenta baseada no autoengano. No entanto, no fundo, nos sentimos perdidos e desorientados. Não sabemos quem somos ou por que estamos aqui, e o pior de tudo é que também não queremos saber.

Aos que não querem mudar, deixe-os dormir.
Rumi

25. A função da adversidade

São tantas as mentiras, aparências e farsas que regem nossa existência que alguns indivíduos começam a ter sede da *verdade*. Da *sua* verdade, *daquela* verdade que diz respeito a quem eles são. No entanto, estamos morrendo de medo de dar o primeiro passo que nos leva até *ela*. Não estamos dispostos a pagar o preço de abandonar o que conhecemos — a identificação com o ego — para nos aventurarmos no novo e inexplorado: a jornada para o ser essencial.

Além de nossos medos e boicotes internos, a vida *anseia* que vivamos conscientemente. A vida *conspira* para que manifestemos nossa singularidade e autenticidade. Definitivamente, a vida nos *incentiva* a tirar nossa máscara e ousarmos ser quem realmente somos. Precisamente por esse motivo — por resistirmos a ser quem somos —, ela nos envia *ajuda* em forma de "adversidade". Por mais que seja difícil para nós aceitarmos tais adversidades em um primeiro momento, situações complicadas acontecem fundamentalmente porque vivemos adormecidos para as coisas espirituais. Por isso, sua função é nos acordar.

Metaforicamente, em essência, somos como um diamante, a pedra preciosa mais bela e valiosa do mundo. O problema é que ele está enterrado sob camadas e mais camadas de cimento, um material tão sólido que não vai quebrar sozinho. Então, o que precisamos para acessar o diamante de novo? Bem, alguns tapas da vida, que age como uma britadeira para nos ajudar a destruir esse concreto. Só assim podemos criar rachaduras e seguir nosso caminho até nos reconectarmos com aquele brilhante que é nossa natureza essencial.

Pela forma como fomos condicionados a olhar e interpretar a realidade, chamamos de "desgraça", "infortúnio", "tragédia", "injustiça" ou simplesmente "má sorte" o que ameaça a nossa "felicidade egoica". Em outras palavras, a perda de qualquer pessoa, situação ou objeto externo ao qual estamos apegados e que, portanto, consideramos a causa de nossa satisfação e bem-estar. O ego é possessivo por natureza e sofre quando o que pensa ser seu lhe é tirado. *Meus* pais. *Meu* parceiro. *Meus* filhos. *Meus* amigos. *Minha* casa. *Meu* trabalho. *Meu* dinheiro. *Meu* carro...

No entanto, nada nem ninguém nos pertence. É claro que o fato de não ser *nosso* não significa que não possamos desfrutar disso enquanto estiver ao nosso alcance. Mas temos que ter muito cuidado para não ficarmos dependentes do que está fora de nós, sobretudo porque o apego transforma tudo em "pseudofelicidade", isto é, em algo que aparenta ser felicidade, mas na realidade não é. Qualquer coisa ou relação externa à qual nos apegamos no fundo é outro remendo para cobrir o vazio existencial que nos faz viver desconectados do nosso diamante interior.

Quanto mais nos perdemos no mundo, mais duro e grosso se torna o cimento que nos separa do ser essencial. Quanto maior é a distância, maior é a dor que sentimos pela desconexão. Nesse sentido, a adversidade é um convite para mudarmos o foco de atenção: de fora para dentro. Devido à nossa enorme resistência à mudança, a única maneira de alcançá-la é através da perda de algo ou alguém que chamamos erroneamente de "felicidade". Como tendemos a dar todo o protagonismo às nossas circunstâncias externas, de repente sentimos que toda a nossa vida está desmoronando. É então que mergulhamos em uma profunda "crise espiritual", ou seja, um período de profunda reflexão sobre quem somos e para que estamos neste mundo.

A GOTA QUE FAZ O COPO TRANSBORDAR

Arquetipicamente, esse momento da vida em que tudo fica escuro e nada parece fazer sentido geralmente acontece depois de sermos demitidos do trabalho, passarmos por uma doença grave, sofrermos um rompimento romântico, perdermos um ente querido ou quase morrermos em um acidente. Independentemente do que tenha acontecido conosco, esse evento adverso representa um ponto de virada em nossa existência. É a gota que faz o copo transbordar. É o que faz com que nossas crenças — sejam elas religiosas, agnósticas ou ateias — desmoronem, abrindo espaço para um tempo marcado pela angustiante sensação de solidão e desolação. Por isso é chamada de "a noite escura da alma".[3]

Sem dúvida, este é um dos momentos mais importantes da nossa existência. Ele ocorre quando atingimos uma saturação de sofrimento, ou seja, quando não podemos mais sofrer, chegando a um ponto de desconforto e perturbação em que acabamos fartos de nós mesmos. Além disso, estamos completamente de mal com a vida, com o universo, com deus ou como preferirmos chamá-lo. Entretanto, o que está realmente acontecendo é que o ego não consegue mais controlar a si mesmo, nem o conflito interno que criou dentro de nós. É precisamente esse excesso de egocentrismo que é a causa última de nossa depressão.

Devido à saturação do sofrimento, nosso nível de desconforto é maior do que nosso medo da mudança. É então que deixamos de estar confortáveis em nossa zona de conforto, começando a explorar com humildade, honestidade e coragem o novo e o desconhecido, porque sentimos que não temos nada a perder. Nesse contexto, começamos a voltar nosso olhar para dentro para fazer algo verdadeiramente revolucionário: pegar voluntariamente uma marreta para continuar destruindo o cimento que nos separa do nosso diamante interior. Em outras palavras, confrontar nossas crenças e nosso modo de pensar, abrindo nossa mente e nosso coração para enxergar e interpretar a realidade com outros olhos.

O paradoxo do sofrimento é que, embora seja causado pelo ego, com o tempo ele se torna o motor que nos motiva a questionar e transcender esse *eu* fictício. É por esse motivo que as pessoas que enfrentaram grandes tragédias — passando por tempos de escuridão e melancolia — são as que têm o maior potencial para a iluminação. Quanto mais intenso o pesadelo, mais irresistível é a necessidade de acordar.

É por isso que se diz que as piores experiências da vida também podem ser as melhores. Se você aproveitar a adversidade para crescer e evoluir espiritualmente, mais cedo ou mais tarde chegará o dia em que essa perda se tornará um ganho. Principalmente porque nos conscientizamos de que não sofríamos pelo que aparentemente havíamos perdido, mas por termos nos perdido de nós mesmos em primeiro lugar. Ao remover todas as camadas de cimento e concreto, nos reconectamos com nosso diamante interior. É então que entendemos que a verdadeira felicidade está dentro de nós e só cabe a nós mesmos cultivá-la.

Sentir que somos seres completos revoluciona a nossa forma de estar neste mundo, assim como a nossa forma de nos relacionarmos com os outros. É um sentimento tão valioso que só podemos sentir gratidão por todas as piores e melhores experiências que nos possibilitaram realizar esse processo de aprendizado. De fato, a partir de então, começamos a ver os "problemas" como "oportunidades" e os "infortúnios" como "provas de superação". Até viramos a palavra "infortúnio" de cabeça para baixo, começando a vê-la como "gratidão em potencial".

Independentemente de como decidamos enfrentar situações difíceis e circunstâncias complicadas, é essencial ter certeza de uma coisa: se hoje não sabemos ser felizes por nós mesmos e estamos nos contentando com remendos e substitutos, que aprendamos que, na próxima esquina da nossa vida, aquela grande senhora da transformação chamada "adversidade" está esperando por nós.

As flores que crescem na adversidade
são as mais belas de todas.
PROVÉRBIO CHINÊS

26. ALÍVIO, SUICÍDIO OU CURA?

Existem três maneiras muito diferentes de lidar com o *inferno* psicológico que experimentamos quando entramos na noite escura da alma, ou seja, quando as circunstâncias nos sobrecarregam e nossa vida se torna insuportável. A primeira é a mais comum de todas. Trata-se de recorrer à medicação. Mais especificamente, o consumo diário de sedativos e tranquilizantes. Dessa forma, as pessoas obtêm alívio em curto prazo, usando esses paliativos para anestesiar a dor, acalmando o vazio e a angústia existencial. É assim que elas param de sofrer instantaneamente.

Embora, em muitos casos, esses tipos de drogas sejam necessários e ofereçam benefícios inquestionáveis, em geral seu abuso mantém a população adormecida e anestesiada. Na verdade, quem os consome deixa de sentir, seu humor fica artificial e seus olhos carecem do brilho dos que se sentem verdadeiramente vivos. Infelizmente, muitos se tornam viciados e dependentes desses medicamentos. Embora eles tenham efeitos colaterais prejudiciais, muitas pessoas não podem mais viver sem eles.

Não se sabe que porcentagem da população toma antidepressivos, mas há muito mais do que imaginamos. Cada caso é um mundo, mas os números falam por si. As vendas dessas pílulas em todo o mundo vêm crescendo cerca de 15% a cada ano há mais de uma década.[4] O mesmo se aplica ao uso de drogas lícitas — como café, tabaco ou álcool —, bem como drogas ilícitas, lideradas pela *Cannabis*, a cocaína, o *ecstasy* ou a heroína.[5] Todos elas estão aumentando, mostrando que somos uma sociedade de viciados em drogas. De uma forma ou de outra, estamos todos dopados. Muito poucos permanecem sóbrios.

A segunda maneira de lidar com o colapso emocional que experimentamos durante a noite escura da alma é o suicídio. O ato de tirar a própria vida representa o auge do ego. Ele acontece quando o sofrimento se torna insuportável, de modo que apenas os pensamentos negativos e autodestrutivos aparecem na mente do suicida. Assim, ele se convence de que a única saída — ou libertação — é acabar consigo mesmo.

A medicação e o suicídio são duas opções válidas e legítimas. No entanto, são remédios que o ego usa para evitar ter de confrontar a si mesmo. Fazer isso seria o começo de seu fim.

Por isso, nenhum deles resolve o problema real: a identificação com o *eu* ilusório e desconexão-negação do ser essencial. Nesse sentido, há uma terceira maneira de abordar a noite escura da alma: a transformação. Nesse caso, em vez de buscar alívio, nos comprometemos a iniciar o processo de cura muito desconfortável, mas necessário. Em vez de encobrir e anestesiar a dor, nós a aceitamos e a abraçamos como parte de nossa cura.

Ninguém pode nos tirar do poço

Chegar ao *fundo* do poço é uma das experiências mais importantes que viveremos ao longo de nossa existência. Entretanto, para sobreviver a este inferno sem a ajuda de remédios, devemos primeiro entender que nada nem ninguém pode nos tirar do poço. É claro que o acompanhamento psicoterapêutico e o apoio da família e amigos sempre somam, mas, no final das contas, só nós podemos nos *levantar* — um esforço que conseguimos com a ajuda do *chão*, que está ali para isso.

Independentemente do processo terapêutico que seguimos, quando nos *levantamos* nos conectamos com uma força interior que não sabíamos que tínhamos, também conhecida como "resiliência" ou "espírito de superação". É assim que podemos enfrentar os infortúnios com estoicismo, ou seja, com força, serenidade e aceitação. Por mais que aquilo que nos aconteça seja grave ou dramático, todos somos capazes de suportar e transcender nosso destino, aproveitando-o para crescer e evoluir como seres humanos.

Essa tomada de consciência nos leva a desfrutar de uma nova maturidade. De repente, paramos de ridicularizar e nos opor ao autoconhecimento, aceitando-o como um processo natural e necessário para aprendermos a ser verdadeiramente bons conosco. Depois de ter desconectado e negado nossa natureza essencial por tantos anos, damos um passo gigantesco em nosso processo evolutivo, entrando na terceira fase do desenvolvimento espiritual: a busca do ser.

É então que começamos a trilhar o caminho que mais temíamos: conhecer a nós mesmos em profundidade, olharmo-nos no espelho de nossa alma. Apesar da nossa resistência inicial, assim que damos o primeiro passo para dentro, tudo começa a fazer sentido, nossa vida ganha um novo significado e, embora seja incrível o quanto nos custou chegar até aqui, é completamente impossível dar um passo atrás. É isso o que significa viver de maneira consciente. Por mais que desejemos, não há como nos enganarmos de novo.

A vida te quebra em quantas partes
forem necessárias para que a luz penetre.
BERT HELLINGER

27. ILUMINAR A SOMBRA

Conhecer a si mesmo é doloroso, mas à medida que evoluímos em consciência e sabedoria isso nos liberta do sofrimento. Então por que em geral somos tão resistentes em iniciar a jornada do autoconhecimento? Por que geralmente temos tantos preconceitos sobre o desenvolvimento espiritual? Por que fazemos todo o humanamente possível para evitar mergulhar nas profundezas do nosso interior? Por que, afinal, temos de chegar ao fundo do poço e entrar na noite escura da alma para iniciar esse processo de mudança?

A resposta a essas perguntas é muito simples: porque tememos confrontar nossa própria "sombra". Trata-se do nosso lado sombrio, ou seja, aquilo que ignoramos sobre nós mesmos e do qual somos completamente inconscientes. Essa escuridão é composta de feridas não curadas e traumas de nossa infância. É por isso que, em geral, nos protegemos debaixo de uma couraça. Isso também inclui aqueles defeitos que tanto nos limitam em nosso relacionamento conosco e com os outros. Por isso costumamos nos esconder atrás de uma máscara.

Nossa sombra também se alimenta desses demônios internos com os quais ainda estamos em guerra. Não à toa temos muitos conflitos não resolvidos. Todos nós abrigamos muita dor reprimida, além de muitos medos e inseguranças. Muitas decepções, desilusões e frustrações. Muitos complexos e carências. Muita ansiedade, culpa e ressentimento. Muito tédio, ira e raiva. Muitas fraquezas e incoerências. Muita inveja, vaidade e tristeza... Por que outra razão usamos perfume, xampu e desodorante no dia a dia? Bem, para tentar evitar que nosso "lixo emocional" cheire demais.

Nosso lado escuro é a parte do iceberg que não pode ser vista. É aquela que fica abaixo da superfície e que ativamente nos mantém infelizes. É também o alimento que o ego usa para se manter forte, preservando sua hegemonia e seu reinado. De fato, quanto maior for a nossa sombra, maior será a nossa identificação com esse *eu* fictício. Devido à influência da moralidade judaico-cristã, ainda estamos em desacordo com essa parte de nós mesmos, precisamente porque tendemos a julgar, rejeitar e negar nossa escuridão. Tanto que, em geral, fingimos que ela não existe, evitando ao máximo mostrar qualquer indício de vulnerabilidade.

Ao mesmo tempo, tendemos a dissimular e fingir que tudo está indo bem para nós e tentamos irradiar uma pseudoluz falsa e completamente artificial, de acordo com a postura e a sociedade de fachada em que vivemos. Por isso, ninguém posta fotos nas redes sociais chorando ou compartilhando suas misérias pessoais. Muito pelo contrário: tentamos parecer felizes, esperando que os outros não percebam a insatisfação crônica que nos acompanha por onde passamos.

O paradoxo é que, ao condenarmos nosso lado escuro, estamos impedindo e dificultando a manifestação do nosso lado luminoso. É que, para irradiar luz, devemos primeiro aceitar, amar e estar em paz com nossa escuridão. Assim, devemos nos conhecer tão profundamente de modo que seja impossível ficarmos chocados quando alguém aponta um de nossos piores defeitos. Por mais que tentemos fugir da nossa sombra, ela nos acompanha por toda parte. Na verdade, quanto mais tentamos negá-la e reprimi-la, mais poder ela tem sobre nossa mente e nossos pensamentos subconscientes. Logo, acaba controlando e assumindo nossas atitudes e comportamentos, transformando-nos em meros fantoches.

Luz *versus* escuridão

A luz e a escuridão são inseparáveis, são os dois lados da mesma moeda de forma que uma não pode existir sem a outra. Elas são feitas da mesma coisa, apenas em graus diferentes.

É por isso que existe a noite e o dia. Devido ao infantilismo dominante em nossa sociedade, tendemos a idealizar o claro e condenar o escuro. No entanto, nem a luz é boa nem a escuridão é ruim. Ambas são neutras e necessárias.

Do mesmo modo, nossos defeitos e nossas qualidades são feitos da mesma coisa. Nesse sentido, nossos defeitos mais obscuros são, na verdade, um déficit de nossas qualidades luminosas em potencial. A verdade é que não somos nossos defeitos; não vamos nos culpar por eles. Nem somos nossas qualidades; não nos vangloriemos delas. Tanto nossos defeitos quanto nossas qualidades vêm "de fábrica". Eles são inatos e, portanto, estruturais. Claro, se um ou outro se manifesta é uma questão circunstancial, ou seja, eles aparecem dependendo do nosso nível de consciência, estado de espírito e grau de compreensão.

Em vez de elogiar a luz ou rejeitar a escuridão, o desafio consiste em estar consciente e em paz com tudo o que faz parte da nossa personalidade, e fazê-lo de tal forma que não levemos nem um nem outro para o lado pessoal. Para conseguir isso, é preciso ser autocrítico com nossos defeitos, para que possamos aprender com eles, bem como humildes com nossas qualidades, não dando muita importância ao fato de poder expressá-las.

Para iluminar nossa sombra, é essencial aproveitar nossos conflitos e nossas perturbações. De fato, se soubermos gerenciá-los adequadamente, nosso "lixo emocional" são o fertilizante que permite que nossa natureza essencial floresça. Para isso, toda vez que algum estímulo externo nos incomoda, é uma oportunidade de olharmos para dentro novamente. Em essência porque a causa do nosso sofrimento está sempre dentro de nós, está relacionada com nossa ferida de nascimento e com o mecanismo de defesa — o ego ou *eu* ilusório — que desenvolvemos inconscientemente para nos proteger.

É claro que, assim que entramos em nosso mundo interno, comprovamos aterrorizados que tudo está no escuro. Por isso, nossa primeira reação é fugir dali a toda velocidade. Entretanto precisamos saber que não seremos comidos por nenhum monstro e que, à medida que mergulharmos em nossa toca, mais cedo ou mais tarde saberemos acender a luz. No início, faremos isso com um fósforo ou um isqueiro. Mais tarde, com uma tocha ou lanterna. E, por fim, encontraremos um interruptor com o qual poderemos iluminar nosso interior. Como consequência, começaremos a ser uma fonte de luz para os outros.

Seja sempre gentil, porque cada pessoa que você encontrar está travando uma batalha sobre a qual você nada sabe.
Platão

VIII

SE VOCÊ MUDA, TUDO MUDA

> Aquilo ao que você resiste persiste.
> O que você aceita se transforma.
> CARL GUSTAV JUNG

ERA UMA VEZ UM PROFESSOR que estava deprimido havia muito tempo: passava o dia sozinho, trancado no quarto, deitado na cama e sofrendo muito. Cansado de ficar isolado o dia todo, ele finalmente decidiu dar um passeio. Enquanto caminhava pela floresta, teve um súbito lampejo. De repente, a mente desapareceu e os pensamentos desapareceram, deixando um profundo silêncio e uma quietude dentro dele. E vendo a si mesmo de fora, ele entendeu qual era sua verdadeira identidade, deixando de lado a identificação com o eu ilusório que o atormentava há tanto tempo.

A notícia rapidamente chegou aos seus discípulos, que foram até a sala do professor para saber o que havia acontecido. No entanto, o sábio pediu que voltassem em três meses e lhes prometeu que, depois desse tempo, compartilharia com eles o que quisessem saber. Durante esse tempo, o mestre permaneceu isolado em seu quarto, meditando e observando sua própria mente com muita atenção.

Ao fim dos três meses, os discípulos foram visitá-lo. Embora aquele sábio percebesse a futilidade de explicar em palavras o que havia acontecido com ele, tentou compartilhar sua experiência da melhor maneira possível. Ao final de sua explicação, ele concluiu dizendo que a depressão ainda estava lá. Intrigado, um dos seus discípulos perguntou-lhe: "Então, o que mudou com a iluminação?".

O professor sorriu gentilmente e respondeu: "A única coisa que mudou foi a minha atitude em relação a ela. Antes da iluminação, eu sofria muito e passava o dia perturbado porque lutava contra a depressão. Agora, após a iluminação, entendo a natureza da depressão, aceito-a e a deixo seguir seu curso. Eu não me importo mais se ela vai embora nem quando vai. Desde então, sinto paz e gratidão".[1]

28. A REALIDADE É NEUTRA

Antes de continuar a leitura deste livro, sugiro que façamos um pequeno exercício, o mesmo que venho fazendo desde 2006 com os participantes dos meus cursos de autoconhecimento. Observe a fotografia reproduzida abaixo e diga em voz alta as três primeiras coisas que lhe vierem à mente. Por favor, não seja politicamente correto. Seja radicalmente honesto consigo mesmo. Este é um jogo para o qual não há respostas certas ou erradas. Apenas diga o que você vê.

Obviamente não sei o que você vê nesta imagem, mas compartilho com você o que viram em geral aqueles a quem mostrei. Ao vê-la, muitos a associam a "felicidade, amor e compromisso". Por outro lado, outros a vinculam a "convencionalismo, falsidade e hipocrisia". Na verdade, na mesma sessão, uma jovem disse que refletia "o grande sonho" de sua vida, enquanto sua colega ao lado — muito mais velha e experiente — disse que era "a grande traição" da sua.

Dito isso, esses atributos e adjetivos estão realmente na imagem? Não. Nenhum deles. Todos eles *pertencem* às pessoas que os viram e os expressaram. A fotografia é neutra. O que não é neutra é a interpretação subjetiva e distorcida que fazemos dela, que revela nossas crenças e experiências em relação ao que a imagem evoca em nosso íntimo.

Então, qual é a realidade dessa fotografia? Para começar, não sabemos se é um casamento ou se é apenas um casal de atores posando para um anúncio publicitário. Seja como for, nesta imagem, você vê dois seres humanos, várias mãos, roupas, um relógio, dois anéis e um buquê de flores. Todo o resto é pura ficção fabricada pela mente através dos pensamentos. Qualquer história romântica ou trágica que venha à mente em relação ao amor, casamento ou relacionamentos não tem nada a ver com a fotografia: é um produto da nossa imaginação fértil.

Realidade *versus* interpretação da realidade

Cada um de nós vê o mundo através de seus próprios óculos, interpretando a realidade de maneira subjetiva. Por esse motivo, diante de um mesmo fato — como a fotografia anterior — há tantas interpretações quanto pessoas que o observam. Tudo o que pensamos sobre o mundo e tudo o que dizemos sobre a realidade *diz* muito mais sobre nós do que sobre o mundo e a realidade.

Sem ir mais longe, há leitores que estão achando este livro "muito ruim", tão ruim que provavelmente pararam de ler antes de chegarem a este capítulo. Por outro lado, outros ainda o estão achando "muito bom", tão bom que vão, inclusive, dá-lo de presente para amigos e familiares. E, no meio, há muitos outros que estão indiferentes, considerando-o um ensaio "medíocre e de senso comum".

Todas essas avaliações não têm tanto a ver com o livro, mas com o significado que cada leitor está dando a ele em sua própria mente. Lembremos que este *ensaio* nada mais é do que uma série de logogramas do alfabeto indo-europeu, ou seja, um conjunto de símbolos e signos que não têm significado em si. Para comprovar isso, basta compartilhar este *livro* com uma pessoa cuja mente não tenha sido codificada no mesmo idioma que você, como um chinês, um árabe ou um hindu. Tentando ler essas linhas, nenhum deles entenderia nada. Eles só veriam um monte de rabiscos estranhos.

Então, se tudo o que vemos do lado de fora é uma projeção do que reside no nosso interior, o que é a realidade? Ela existe de fato? A verdade é que "a realidade é neutra".[2] Totalmente neutra. Em outras palavras, todos os fatos, as situações, os eventos e as circunstâncias que acontecem em nossas vidas não têm valor ou significado por si mesmos. São simplesmente o que são: *fatos*, *situações*, *eventos* e *circunstâncias*, e, como tais, não são bons nem maus, mas neutros. É que uma coisa é a realidade — o que *é* e o que *acontece* em dado momento — e outra, bem diferente, é a interpretação subjetiva e distorcida que fazemos da realidade com base em nosso sistema de crenças.

Ao perceber o que acontece a partir da mente, entramos em uma "dualidade cognitiva", segundo a qual rotulamos o que vemos conforme "concordamos" ou "discordamos", "gostamos" ou "não gostamos", achamos "benéfica" ou "prejudicial"... Assim, o *eu* ilusório com o qual nos identificamos determina — a partir de uma perspectiva totalmente egocêntrica — o valor das coisas que (*nos*) acontecem. Dessa forma, *nós* como observadores estamos constantemente condicionando o que é observado com *nossa* percepção dupla. Na verdade, nós *somos* os observados. Em última análise, a realidade nos torna um espelho. Ela reflete o tempo todo o que carregamos no nosso interior.

O QUE FAZEMOS COM O QUE NOS ACONTECE

Curiosamente, afirmar que "a realidade é neutra" também é neutro. O cerne da questão é que esta frase aponta para um entendimento que está além da mente, do intelecto, do pensamento e da linguagem. Por isso, há leitores que ainda a condenam, outros que continuam sem entendê-la e outros para quem ela representa potencialmente um avanço em seu processo evolutivo. É mais comum e frequente que o ego se oponha veementemente a ela com uma forte resistência e contra-ataque dando exemplos extremos, deixando implícito que guerra, pobreza e fome não são fatos neutros. A verdade é que são, sim.

Para além do que pensamos a partir da nossa mente dual, a realidade permanece neutra. Sempre foi e sempre será. E então como pode ser neutro para um pai abusar psicologicamente de seus cinco filhos durante a infância? Em primeiro lugar, temos que diferenciar entre o que acontece e o que fazemos com o que acontece, isto é, entre o estímulo externo neutro e a reação emocional interna que temos diante dele, que depende de como percebemos e interpretamos esse estímulo. Neste caso, uma coisa são os gritos e insultos do pai; outra muito diferente é a maneira como cada um de seus filhos subjetivamente os interpretou no momento em que ocorreram, além de como eles os processaram e digeriram ao longo dos anos.

Como as crianças passam por um estágio de inocência e vulnerabilidade, elas não têm a capacidade de enfrentar os maus-tratos de um pai com consciência e sabedoria. Por estarem inconscientemente identificados com o ego, é impossível que adotem uma atitude estoica, enfrentando essa adversidade com força, resiliência e aceitação. Portanto, as cinco crianças sofreram muito, e todas apresentam lesões graves e sequelas psicológicas. No entanto, este fato permanece absolutamente neutro. Em essência porque não determina o que cada uma das crianças fará com os referidos traumas durante a fase adulta.

Em decorrência dos gritos e insultos perpetrados pelo pai durante a infância, um dos filhos comete suicídio depois de muito tempo preso nas drogas e no álcool. Outro se torna um abusador psicológico, gritando e insultando seus filhos, assim como seu pai fez. Em seu coração, ele sente muito ódio e ressentimento em relação ao pai, a quem continua culpando por sua dor. Outro se boicota constantemente e nunca consegue ter um relacionamento estável. Ele ainda está em guerra com seu passado porque é muito difícil perdoar seu pai e virar a página.

Diferentemente dos anteriores, outro filho atinge a saturação do sofrimento e inicia um processo de autoconhecimento por meio do qual consegue curar suas feridas, tornando-se um pai empático e amoroso. Por fim, o outro segue o mesmo caminho do anterior, criando uma fundação para ajudar jovens que foram maltratados por seus pais. Nesse caso, ele não apenas o perdoou, mas até se sente grato. Principalmente porque, graças ao aprendizado derivado do processo terapêutico que teve de realizar para curar seus traumas, encontrou um propósito transcendente que dá muito sentido à sua vida.

Embora o abuso psicológico sofrido pelos cinco filhos tenha sido o mesmo, o que cada um deles fez com isso dependeu do que traziam consigo em seu íntimo e do que decidiram fazer a respeito. Uma pessoa ser maltratada por seu pai na infância é um fato neutro porque não determina de que maneira isso formará a pessoa nem o que ela decidirá fazer quando crescer. Trata-se de uma questão totalmente interna: que a luz — na forma de transformação e reconexão com o ser essencial — vença a batalha contra as trevas, curando assim as dores e os traumas do ego.

Se considerarmos o contrário, estaremos dando força à realidade, vendo-nos como vítimas e marionetes de eventos externos que estão além do nosso controle. Se, neste momento, não conseguimos ver algum aspecto neutro da realidade, é porque sem dúvida temos uma ferida ou um bloqueio interno relacionado a ela. Tanto que muitos dos que passaram por uma experiência semelhante acabam se resignando, justificando os comportamentos autodestrutivos que adotam no presente devido aos fatos traumáticos que vivenciaram no passado. Aceitar que a realidade é neutra é profundamente curativo e libertador. Isso nos leva a iluminar nossas sombras mais escuras e nos permite compreender que "o que acontece é o que é, e o que fazemos com isso é o que somos".[3]

Tive milhares de problemas em minha vida,
a maioria deles nunca aconteceu na realidade.
MARK TWAIN

29. DEIXE DE PERTURBAR A SI MESMO

A característica mais marcante da ignorância e da inconsciência é a perturbação. É um sintoma evidente de que vivemos adormecidos. É que o sofrimento é o alimento favorito do ego, a maneira mais eficaz de fortalecer o sentimento ilusório de ser um *eu* separado. É por isso que nosso corpo-dor está sempre procurando uma maneira de nos fazer tomar outra dose de veneno. Há pessoas que ingerem diariamente litros desse veneno, entrando em um círculo vicioso e em uma espiral autodestrutiva: quanto mais sofrem, mais egocêntricos se tornam e, quanto mais egocêntricos eles se tornam, mais sofrem.

Mas, se a realidade é neutra, por que ficamos chateados? Qual é a raiz do sofrimento? É válido lembrar que a realidade não tem o poder de nos perturbar. Na verdade, ninguém nem nada nos fez sofrer sem o nosso consentimento. Todo o sofrimento se origina na mente, não na realidade. Isso se deve ao tipo de condicionamento que recebemos da cultura egoica na qual vivemos. De fato, fomos programados para nos perturbarmos sempre que a realidade não atende às nossas expectativas. Assim, o verdadeiro problema está em interpretar o que acontece a partir de crenças falsas, errôneas e limitantes.

Por mais que o ego nos faça acreditar que somos vítimas da realidade, a causa de nossos distúrbios nada tem a ver com o que acontece, nem com o que pensamos sobre o que acontece. A verdadeira causa de nosso sofrimento e infelicidade está em *acreditarmos* no que pensamos sobre o que acontece, isto é, em nos apegarmos e nos prendermos a esse pensamento, acreditando cegamente na história que ele nos conta sem antes verificar sua veracidade. Daí a importância de estarmos conscientes dos pensamentos que aparecem em nossas mentes. É nisso que consiste viver desperto: diferenciar entre a situação que está acontecendo a cada momento — que é sempre neutra — e o que pensamos sobre ela, que é uma distorção subjetiva.

Desse modo, às vezes sofremos porque acreditamos em um pensamento que está em desacordo com o que está acontecendo, como "as pessoas deveriam ser mais gentis". Então, em vez de aceitar a realidade como ela é — aceitar que as pessoas são como são —, constantemente a comparamos a uma versão idealizada de como deveria ser. Nesse caso, começamos a discutir mentalmente com a realidade, uma batalha perdida de antemão. Prova disso é que perdemos todas as vezes. Na verdade, o que achamos que não deveria acontecer deveria acontecer. É por isso que acontece.

Discutir, brigar e lutar contra a realidade é inútil. Não serve de nada. Querer que as coisas sejam diferentes de como são é um desejo impossível de satisfazer. A única razão pela qual continuamos tentando mudar a realidade é porque ainda não sabemos como parar de fazê-lo e, graças à saturação do sofrimento, chega um dia em que mudamos o foco da atenção, de fora para dentro. Nesse momento, começamos a questionar os pensamentos e as crenças que estão por trás de cada uma de nossas perturbações.

SEM MAIS DOSES DE VENENO

Toda vez que nos perturbamos, é hora de parar e refletir, praticando a nobre arte da "autoindagação".[4] Continuemos com o exemplo anterior, em que ficamos incomodados com a atitude frequente das pessoas com quem interagimos.

Digamos que, de repente, começamos a julgar e a criticar nossos vizinhos por não se comportarem como achamos que deveriam. É justamente quando acreditamos no pensamento "as pessoas deveriam ser mais gentis" que automaticamente tomamos uma dose de veneno, que assume de imediato a forma de impotência, frustração e aborrecimento.

Além de nos vangloriarmos da nossa vitimização infantil e egocêntrica, essa perturbação mostra que nossa maneira de interpretar a realidade é impulsionada pelo ego. Além disso, ao julgar nossos vizinhos, reforçamos nosso senso de ser um *eu* separado. De repente, nos sentimos melhores e superiores do que aqueles que criticamos. É assim que apaziguamos, por alguns momentos fugazes, a dor causada pela ferida da separação, que nos faz sentir a ilusão de que somos seres inferiores, imperfeitos e incompletos.

A partir daí, a autoindagação consiste essencialmente em aproveitar cada perturbação que temos para realizar nosso trabalho interior, observando a mente e questionando os pensamentos. "As pessoas deveriam ser mais gentis". Vamos analisar essa crença. É realmente verdade? As pessoas *deveriam* ser mais gentis? Isso é absolutamente verdade? Não, não é. É mais uma armadilha da mente, mais um engano daquele grande mentiroso chamado "ego". No entanto, como nos sentimos quando *acreditamos* nesse pensamento? Não é como se injetássemos na veia umas quantas doses de impotência, frustração e aborrecimento? E como tratamos os outros quando pensamos desse modo?

Enfim, vamos continuar com este exercício de introspecção. Vamos fechar os olhos e respirar fundo algumas vezes. Imagine que tudo continua igual e nada mudou no mundo.

A maioria das pessoas continua se comportando como têm feito até agora. Claro, vamos eliminar de nossas mentes o pensamento "as pessoas deveriam ser mais gentis". Vamos apagá-lo da nossa memória para sempre. Quem seríamos sem esse pensamento? E como nos sentiríamos? Libertos, certo? Os outros continuariam sendo e agindo como sempre, mas algo em nós seria diferente. Não criaríamos nenhum tipo de resistência, deixando a realidade ser tal como é a cada momento. Trataríamos cada pessoa da melhor maneira possível, sem precisar tomar outra dose de veneno... E então, onde está a raiz do sofrimento: na realidade ou na nossa mente?

Ironicamente, a realidade não é cruel conosco, nós é que nos comportamos como verdadeiros tiranos com ela. Na verdade, em geral, tratamos a realidade muito mal. Do ponto de vista existencial, somos todos *maltratadores*. Vivemos criticando a realidade e quase nunca a aceitamos como ela é. Estamos tão decepcionados com ela que queremos mudá-la, adaptando-a ao nosso sistema de crenças. Ou seja, como cada um acredita que ela deveria ser.

Eeeeeeeeeeeeeei!

Como projetamos nosso mundo interior nessa tela grande chamada "realidade", também podemos aproveitar o pensamento limitante "as pessoas deveriam ser mais gentis" para iluminar algum canto do nosso próprio lado sombrio. Vamos inverter esta afirmação. Por acaso não poderíamos ser mais gentis com as pessoas? E não só isso: nossos pensamentos também podem ser mais gentis conosco. Isso mudaria completamente nossa maneira de sentir e de nos relacionarmos com os outros. Toda vez que interagimos com alguém que é rude estamos diante de uma oportunidade de sermos gentis.

Da próxima vez que um pensamento perturbador vier nos visitar, assim que sentirmos sua aproximação, devemos gritar bem alto em nosso íntimo: *"Eeeeeeeeeeeeeeei!"*. Se possível, cerca de quinze segundos. Sem dúvida, é o melhor truque para deter a corrente de pensamento negativo, automático e inconsciente que costuma nos invadir quando nos identificamos com o ego. Graças a este chamado interior, tomamos consciência do nosso diálogo interno e, assim, conseguimos evitar acreditar nesse pensamento, evitando também ingerir outra dose de veneno. É então que percebemos que o grande desafio da vida é mudar o projetor (a mente) em vez do que é projetado: a realidade.

Pensar que "as pessoas deveriam ser mais gentis" não nos traz nada de positivo ou construtivo, nem causa qualquer mudança no comportamento dos outros. O único efeito real que tem é nos deixar mais estressados. Viver sem nos perturbar é o melhor presente que podemos dar a nós mesmos. Parar de tomar veneno é, em si, o início da nossa cura. É assim que, pouco a pouco, o ego *morre* de inanição. Sem perturbações ou sofrimento, esse *eu* fictício não pode sobreviver.

Uma vez que aprendemos a observar a mente e questionar pensamentos potencialmente perturbadores, comprovamos três verdades universais: a primeira é que a realidade não tem o poder de nos perturbar, porque ela é neutra. A segunda é que também não somos nós que nos perturbamos, já que a causa real de nossos distúrbios está no sistema de crenças com o qual fomos condicionados. É *a partir daí* que os pensamentos surgem mecanicamente, um processo cognitivo que está além do nosso controle. E a terceira é que, para que os resultados que colhemos em nossas vidas mudem, devemos primeiro mudar nossa atitude e nossa mentalidade. Daí a importância de aprender a reprogramar a mente.

*A realidade é muito mais gentil do que
as histórias que contamos a respeito dela.*
Byron Katie

30. Como reprogramar a mente

Nossa mente tem uma parte consciente — aquilo que percebemos — e uma parte inconsciente, também chamada de "subconsciente". Aqui reside tudo o que negamos, reprimimos e ignoramos a respeito de nós mesmos. O xis da questão é que essa sombra, ou lado escuro, condiciona nossa maneira de ver e agir no mundo. Como em geral vivemos no piloto automático — quase por inércia —, a qualidade do nosso subconsciente determina a qualidade de nossas vidas.

Metaforicamente, nossas mentes são "solo fértil", e os pensamentos são "sementes". Quando repetimos com frequência certos pensamentos para nós mesmos, eles acabam germinando no formato de crenças ou "raízes". A partir daí surgem certas emoções, que se tornam os "brotos", de onde florescem certas atitudes, comportamentos e decisões em forma de "caules" e "folhas". Com o tempo, tornam-se hábitos, que determinam os resultados existenciais que colhemos, ou seja, os "frutos".

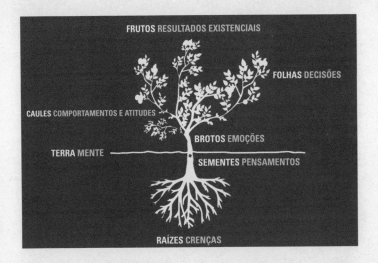

Dependendo do tipo de sementes que plantamos na mente — nossa realidade interna —, colhemos certos frutos em nossa realidade externa. De fato, para saber se nossas crenças e nossos pensamentos subconscientes estão contaminados com ignorância ou sabedoria, basta dar uma olhada nos resultados que estamos obtendo em nossas vidas. Se queremos que os frutos que colhemos mudem, é essencial semear novas sementes. Daí a importância da "reprogramação mental", que é o processo de limpeza do nosso subconsciente, introduzindo nele informações verdadeiras e conhecimento de qualidade.

Para poder realizá-lo, é essencial desfrutar de mais energia vital. Principalmente porque quanto mais energia acumulamos, maior é o nosso nível de consciência e, consequentemente, maior é nosso grau de compreensão e sabedoria. Nesse sentido, muitos físicos[5] dizem que tudo é feito de energia que está vibrando em determinada frequência. Por sua vez, os místicos[6] acrescentam que crescer em consciência eleva a frequência energética em que vibramos, atraindo para nossas vidas pessoas e situações que ondulam nessa mesma sintonia. Assim, nossa frequência energética interna determina em grande parte nossa realidade externa. Daí o ditado "o que está dentro é como o que está fora".[7]

É que nossa mente é como um rádio que tem a capacidade de sintonizar diferentes estações. Quando nosso nível de energia está baixo, sintonizamos com a *Ignorância FM* e somos acometidos, de maneira automática e compulsiva, por pensamentos de baixa frequência vibratória, o que nos condena à negatividade e à infelicidade. Por outro lado, quando desfrutamos de muita energia vital, sintonizamos com a *Sabedoria FM*, e nossa mente se acalma e silencia, aparecendo apenas pensamentos de alta frequência vibratória. Com isso, recuperamos nosso sorriso interior e a alegria inata de viver.

Sentar e respirar

O estilo de vida ocidental nos leva a esbanjar e desperdiçar nossa energia vital. É por isso que, em geral, funcionamos de modo tão irregular. Para combater isso, devemos tentar — na medida do possível — reduzir nossa atividade frenética diária para dedicar mais tempo ao descanso e ao repouso. E isso acontece ao *fazer*, *ter* e *acumular* menos para *ser*, *estar* e *sentir* mais.

Uma boa maneira de começar é praticar algo tão simples como "contemplação ativa". Consiste em sentar-se em um local confortável, sossegado e, se possível, com vista para o mar, para a serra ou para o horizonte. Se você mora em uma cidade, é melhor sentar no banco de um parque urbano. Como a natureza é fonte de vida, tê-la próxima facilita esse tipo de prática e favorece muito a conexão com nossa natureza essencial. A partir daí, deve-se de observar a paisagem à nossa frente, sem interpretar ou julgar nada do que vemos, e aproveitar a alegria de respirar e relaxar. Isso é algo que dificilmente fazemos. Estamos sempre procurando desculpas para nos mantermos ocupados.

À medida que ganhamos mais energia e consciência, o próximo passo na reprogramação do nosso subconsciente é aprender a domesticar a mente e domar nossos pensamentos. Nesse contexto, podemos considerar que existem quatro maneiras de pensar.[8] A primeira é a mais comum de todas: "pensamento negativo", como "A maioria das pessoas é inútil e medíocre". Pensar dessa maneira não apenas fere nossa mente e nosso coração, mas também esgota nosso reservatório de energia vital. Por isso, esses tipos de pensamentos são conhecidos como "ladrões internos", porque roubam nosso bem-estar interior. Contra eles temos que agir como guardiões protetores, removendo-os de nossas mentes antes de acreditarmos neles, evitando assim criar a perturbação correspondente.

É aqui que o mantra *"Eeeeeeeeeeeeeeei!"* pode ser muito útil. Lembremos que, para funcionar, temos que pronunciá-lo em nosso foro íntimo por, pelo menos, quinze segundos — tempo mais que suficiente para que esse pensamento desapareça sem deixar nenhum tipo de sequela emocional. Como treinamento espiritual, podemos nos comprometer com um "jejum mental" da negatividade. Isso é possível quando nos libertamos dos três principais vícios do ego:[9] o vício do pensamento (pensar em qualquer coisa que nos tire a paz); o da palavra (falar mal de qualquer pessoa ou circunstância); e o da ação: intoxicar nosso corpo, agredir os outros e lutar contra a realidade.

Pensar de maneira consciente

A segunda forma de pensar é o "pensamento positivo", por exemplo: "Mais pessoas estão despertando a cada dia!". Esse tipo de pensamentos cura nossa mente e reabastece nosso reservatório de energia vital. Pensar positivo é a maneira mais fácil de evitar pensar negativo, porque só há espaço na mente para um pensamento de cada vez. Os dois não podem coabitar ao mesmo tempo. Além disso, como todos os pensamentos são ilusórios, tentar pensar em coisas que nos fazem sentir bem é um indicativo de saúde mental.[10]

Para conseguir isso, devemos aprender a pensar de modo consciente e voluntário, direcionando nossos pensamentos para lugares positivos e construtivos. Se possível, faça este exercício com muita frequência e de maneira contínua ao longo do tempo. Assim como um músculo é fortalecido por meio de treinamento, a reprogramação mental é consolidada por meio da prática continuada. Como tudo na vida, o mais difícil é começar. É claro que chega um dia em que isso não exige mais nenhum esforço, pois se tornou um hábito que realizamos naturalmente.

A terceira maneira de pensar é o "pensamento neutro", como: "Estou aproveitando este momento". É esse pensamento que nos aproxima um pouco mais do "aqui e agora", conectando-nos com o momento presente. Muitas vezes, o pensamento neutro também nos leva a ter consciência do nosso processo de respiração. Ele serve para acalmar nossa mente e nos deixar mais em contato com nosso corpo, enraizando-nos com o que está acontecendo de verdade. Apesar de permanecer ilusório, ele aponta na direção da realidade em que o ser essencial está (*esperando*).

A quarta e última maneira de pensar é o "pensamento com sabedoria", como "Todo mundo faz o melhor que pode". Esse tipo de pensamento nos permite entender o propósito pedagógico por trás de qualquer evento que ocorra em nossas vidas, isto é, por que e para que está acontecendo a todo momento o que está acontecendo, a fim de que possamos dar o melhor de nós mesmos. Esse tipo de pensamento nos enche de felicidade, paz e amor — três características de nossa verdadeira natureza. Claro, acessá-lo requer muita energia vital, consciência e compreensão.

Como utilizar as afirmações positivas

Outra forma de reprogramar nosso subconsciente é por meio da leitura. Essa é, sem dúvida, uma forma maravilhosa de conversar conosco através do legado e visão de outros autores. Quando notamos que estamos colhendo resultados insatisfatórios em alguma área ou dimensão de nossa vida, é muito útil e proveitoso para nossa transformação ler vários livros sobre o assunto. Imediatamente perceberemos como nossa mente se abre e se expande, adquirindo novas informações para enfrentar nossos problemas e desafios existenciais.

No entanto, para concluir com sucesso esse processo de reprogramação mental, é essencial utilizar "afirmações positivas". Em outras palavras, repetir para nós mesmos uma série de mensagens de sabedoria que nos permitem substituir nosso atual sistema de crenças — tão cheio de ignorância — por outro composto de verdades verificadas por nossa própria experiência. Por exemplo, costumamos acreditar que nossa felicidade depende da satisfação de nossos desejos e expectativas, sobretudo porque somos tiranizados pela crença limitante de que "a felicidade está lá fora". Por isso, equivocadamente a procuramos em todos os lugares, exceto em nós mesmos. Entretanto, esta é uma busca estéril fadada ao fracasso, pois a verdade é que "a felicidade está dentro" e surge quando nos reconectamos com nossa natureza essencial.

Assim, para reprogramar nossas mentes e limpar nosso subconsciente, é muito útil empregar afirmações como "sou feliz sozinho", "a felicidade só depende de mim" ou "sinto-me completo e feliz". Dado que a ignorância e a inconsciência estão décadas à nossa frente, para que essa verdade se instale em nosso arquivo mental é imprescindível repeti-la milhares de vezes. Para que a nova *semente* floresça, temos que distribuí-la regularmente. Daí a importância de nos comprometermos conosco, dedicando algum tempo diário ao nosso processo de reprogramação mental.

Ao criar e colocar em prática as afirmações positivas, é essencial colocar a intenção nelas, mas deixá-las ir e se desapegar de qualquer resultado. Além disso, temos que formulá-las no presente e na primeira pessoa, escolhendo palavras específicas e claras para construir frases positivas e simples. Cada afirmação deve expressar o que queremos e ansiamos como se já fosse real. Ao verbalizá-las — tanto em voz alta quanto internamente —, temos que visualizar claramente o que estamos imaginando. Quanto mais concretos e específicos formos, melhor. E mais importante: temos que acreditar no que afirmamos para sentir a emoção correspondente.

À medida que repetimos essas afirmações com frequência, com o tempo e a prática, iremos aos poucos modificando nosso sistema de crenças e, portanto, nossa forma de pensar. Também sentiremos outros tipos de emoções, que nos levarão a adotar novas atitudes, comportamentos e decisões. É assim que acabaremos atraindo e nos correspondendo com pessoas e situações que estão em sintonia e vibram com nossa nova frequência energética. Ao mudar as sementes plantadas em nossa realidade mental, os frutos colhidos em nossa realidade física mudarão. E já que esta é uma conversa muito mística, por favor, não acredite: ouse comprová-la através de sua própria experiência.

> *O que você pensa, você se torna.*
> *O que sente, você atrai.*
> *O que imagina, você cria.*
> SIDDARTHA GAUTAMA, "BUDA"

31. APRENDA COM SEUS "MESTRES ESPIRITUAIS"

Os relacionamentos são uma grande fonte de conflito e aprendizado. Uma vez que cada um de nós tem o próprio ego, ao interagir com outros seres humanos, é inevitável que mais cedo ou mais tarde acabemos em conflitos, discussões e brigas. Aliás, é muito comum pensar que "o mundo está cheio de pessoas nocivas e tóxicas". No entanto, um sinal de que já despertamos é perceber que *nós* somos a pessoa mais conflitiva de *nossas* vidas. Essencialmente porque o resto das relações nada mais são do que um espelho no qual *nos* vemos refletidos e uma tela na qual *nos* projetamos.

Podemos aprender algo valioso sobre nós mesmos com cada ser humano. Assim, qualquer pessoa com quem interagimos é um mestre em potencial. Claro que, em geral, existem dois tipos: por um lado, existem os "mestres da luz". São pessoas sábias, felizes, amorosas e conscientes, que estão em paz consigo mesmas e irradiam energia positiva. Ao lado delas, nos sentimos muito bem conosco, porque elevam nossa frequência vibratória. Além disso, admiramos essas pessoas por serem um exemplo de vida. Não é à toa que elas manifestam alguma qualidade ou valor que gostaríamos de aprimorar em nós mesmos. No entanto, muitas vezes tendemos a idealizá-las e endeusá-las, tornando-nos dependentes de sua presença.

Do outro lado estão os "mestres da escuridão". Nesse caso, são pessoas ignorantes e inconscientes, que sofrem muito por continuarem em guerra consigo mesmas, exalando uma aura de negatividade por onde passam. Elas têm muita dor reprimida dentro de si mesmas, tendem a reclamar e se vitimizar o dia todo, culpando os outros por tudo o que não está indo bem em suas vidas. Ao interagir com elas, notamos de imediato como nosso nível de energia vital cai. Tanto que também são conhecidas como "vampiros energéticos". É por isso que tendemos a condená-las e rejeitá-las, construindo muros ao seu redor para evitar lidar com elas.

É válido lembrar que a luz e as trevas residem dentro de cada ser humano. Assim, mesmo nas pessoas mais despertas e iluminadas encontraremos alguma sombra. Da mesma forma, entre os mais adormecidos e obscuros também encontraremos alguma luz. Longe de nos apegarmos aos primeiros e afastar-nos dos segundos, a sabedoria consiste em aprender com ambos para iluminar nossos cantos mais obscuros e nos tornarmos a melhor versão de nós mesmos. Enquanto aprendemos por inspiração com os mestres de luz, com os mestres da escuridão, aprendemos através da perturbação.

Ironicamente, estes últimos também são chamados de "mestres espirituais". São todas aquelas pessoas cuja presença ou comportamento provoca perturbações em nós. Não são apenas os indivíduos de quem deliberadamente não gostamos, mas também os seres próximos daqueles que amamos — como nossos pais, nosso parceiro ou nossos filhos — e com os quais tendemos a entrar em conflito.

Se alguém nos tira do sério ou tem algum traço de personalidade que não suportamos, significa que ele é um mestre espiritual para nós. Também o são todos aqueles a quem desejamos mudar para se adequarem à maneira como pensamos que deveriam ser. É claro que uma pessoa de quem não gostamos não é necessariamente um mestre espiritual. Só será se ela nos fizer reagir por impulso e ficarmos perturbados ao interagir com ela. Por mais que tenhamos a tendência de demonizar esse tipo de pessoa — mesmo, em casos extremos, tirando-a de nossa vida —, o melhor a se fazer é aproveitá-la para nosso próprio desenvolvimento espiritual.

O EGO ALHEIO DESPERTA O NOSSO EGO

Se pensarmos bem, essas pessoas têm poder sobre nós. Concretamente, o de alterar nosso estado de espírito e influenciar nosso comportamento. O fato de sua mera presença nos incomodar é um sintoma claro de que há algo em nós que ainda não resolvemos. Devemos lembrar que não vemos os outros como são, mas como somos. De fato, quanto maior o conflito e nossa perturbação, maior o aprendizado que podemos alcançar por meio desses mestres espirituais.

O fato de querermos mudá-los na verdade reflete *algo* que não aceitamos sobre nós mesmos. Eles estão nos refletindo, mas como não queremos ver o que está acontecendo dentro de nós, precisamos dessas telas humanas para projetar nossas sombras mais escuras. Um sintoma claro de que nos identificamos com o ego é sentir que todo mundo nos incomoda e nos perturba.

E, claro, é evidente que muitas dessas pessoas estão desequilibradas. Por isso, manifestam atitudes e comportamentos muito egoicos. Mas essa não é a questão. A questão é que o nível de inconsciência delas espelha o nosso. Assim, quanto mais inconscientemente vivemos e quanto mais nos identificamos com o *eu* ilusório, mais atenção prestamos ao ego dos outros. Consequentemente, reagiremos de maneira mais egoica ao interagir com eles. Dessa forma, a única coisa que conseguimos é alimentar nosso próprio ego, reforçando nossa sensação de ser um *eu* separado.

Tomemos o exemplo de uma empresa com três funcionários que trabalham para um chefe muito exigente e temperamental, que tende a se concentrar em corrigir erros em vez de valorizar os acertos. Ele não faz distinções: relaciona-se exatamente da mesma forma com todos. Uma vez que a realidade é neutra, a personalidade deste empreendedor nada mais é do que um estímulo externo neutro, desprovido de valor e significado intrínsecos. Assim, a forma de interpretá-la, processá-la e vivenciá-la depende do que cada empregado carrega dentro de si e do que faz com isso.

O primeiro funcionário se identifica totalmente com o ego. É uma pessoa visceral, que se sente imperfeita e que, portanto, é muito suscetível a julgamentos e críticas. Por isso, é muito difícil para ele lidar com seu chefe. Tanto que, em geral, reage com raiva e aborrecimento, guardando muito ressentimento em relação ao patrão pela forma como é tratado. Esta é a razão pela qual às vezes discute veementemente com ele. O segundo funcionário não tem autoestima. Não se ama nem se valoriza. Depende muito da aprovação dos outros. Assim, diante dos comentários de seu chefe, ele permanece calado e cabisbaixo, sentindo-se menosprezado.

O terceiro funcionário é uma pessoa sábia e consciente, que se sente muito bem consigo mesma. Em nenhum momento o comportamento do chefe é levado para o lado pessoal, porque ele sabe que o patrão costuma estar muito estressado e que, devido ao seu nível de ignorância e inconsciência, não consegue se relacionar com sua equipe de maneira mais amigável e assertiva. Embora os dois primeiros funcionários inconscientemente desejem que seu chefe mude de atitude, o terceiro é o único que o aceita como ele é, evitando se perturbar. O que ele está pensando, na verdade, é em mudar de empresa.

Olhar-se no espelho

Embora o jeito de ser do patrão seja o mesmo, cada um dos três funcionários o interpretou e processou de maneira subjetiva e distorcida, em função do que guardam em seu interior. Nesse sentido, para os dois primeiros funcionários — aqueles que se perturbaram —, o chefe é um mestre espiritual. Se eles usarem isso para se olhar no espelho e entender por que estão chateados, poderão aprender algo doloroso, mas revelador sobre si mesmos. Não à toa, a escuridão dos outros atua como uma lanterna inesperada para iluminar nossa própria sombra. Além disso, qual é o sentido de se perturbar porque outra pessoa se comportou de maneira desagradável conosco? Nenhum. Ninguém em sã consciência o faria. É pura loucura egoica.

No momento em que desbloqueamos, curamos e nos libertamos dos traumas inconscientes que esses mestres espirituais estão refletindo de volta para nós, somos capazes de aceitar essas pessoas como elas são. Não importa que elas continuem agindo como sempre. Não ficamos mais incomodados por seus comportamentos ou perturbados em sua presença. Elas podem ainda não gostar de nós, ou pode ser que continuemos discordando de algo nos dizem ou fazem. Porém, ao iluminar nossa escuridão — e estando verdadeiramente em paz conosco —, os egos dessas pessoas não despertam mais o nosso.

A única coisa que nos resta, caso tenhamos que interagir com elas, é praticar a compaixão e a aceitação. Não é que sintamos tristeza ou pena, mas compreendemos a dor que habita em seu coração e a ignorância que escurece sua mente. Nossos mestres espirituais não agem assim porque querem. Eles não fazem isso por maldade, mas por falta de consciência. São meros fantoches de seu lado obscuro e sofrem tanto que não conseguem deixar de se comportar da maneira que costumam fazer. Ninguém sabe a batalha e os demônios internos que estão travando em sua própria alma.

Uma vez que desfrutamos de mais energia vital e maior compreensão, se voluntariar a interagir com pessoas muito *conflituosas* se torna uma oportunidade de trabalhar conosco internamente. Elas são de grande ajuda para tornar consciente nosso conflito interior. Cabe ressaltar que nós também somos mestres espirituais para outras pessoas. Em muitos casos, esse sentimento é recíproco. Por mais que seja difícil para nós acreditarmos, existem aqueles por aí que de fato não gostam de nós e até aqueles que não nos suportam. Neste caso, somos nós que atuamos como espelho.

Seja como for, as pessoas conscientes e despertas têm cada vez menos mestres espirituais. Por terem iluminado suas sombras, quase ninguém tem o poder de ofendê-las. Por sua vez, elas também não tendem a dizer ou fazer qualquer coisa que possa encorajar os outros a se ofenderem. Sua sabedoria as impede de levar as coisas para o lado pessoal, porque entenderam que o único relacionamento autêntico e verdadeiro é aquele que mantêm consigo mesmas. E que, efetivamente, as demais relações não passam de um jogo de espelhos e projeções. Por isso, em sua vida cotidiana, são um exemplo de felicidade, paz e amor.

O despertar acontece ao percebermos que tudo o que os outros em tese nos fizeram, na realidade, fizemos conosco através deles. À medida que a identificação com o ego cai, nos sentimos cada vez mais à vontade com todos e mais confortáveis com tudo, porque entendemos que, quando estávamos dormindo, não víamos realmente os outros. Estávamos cegos pelos pensamentos que projetamos neles, e vice-versa. De repente, entendemos que ninguém jamais nos julgou, mas eles estavam julgando o que pensavam que éramos. O clique acontece quando percebemos que o *eu* de que os outros falam não somos *nós*. É assim que nos tornamos cada vez mais pacíficos e imperturbáveis.

> *Querer mudar outra pessoa é como quando um paciente está com uma doença e o médico receita um remédio para seu vizinho.*
> ANTHONY DE MELLO

IX

A EXPERIÊNCIA MÍSTICA

Não somos seres humanos vivendo
uma experiência espiritual,
mas seres espirituais vivendo uma experiência humana.
PIERRE TEILHARD DE CHARDIN

UMA BONECA DE SAL VIVIA sozinha em uma área muito seca e árida. Ela não sabia quem era ou o que estava fazendo ali, sua vida carecia de propósito e sentido. Um belo dia, teve o súbito impulso de embarcar em uma jornada para obter respostas para suas questões existenciais. Após longos dias de caminhada, chegou a uma praia deserta. Foi então que viu uma gigantesca massa azul, líquida e em movimento: o mar.

  Aquela paisagem era a coisa mais linda que ela já tinha visto. Assim que pisou na margem, sentiu calafrios. O som das ondas e a sensação da areia eram estranhamente familiares. Aquele cheiro salubre fez com que ela se sentisse em casa. De repente, sua ansiedade e angústia se dissiparam.

Em determinado momento, ela perguntou ao oceano com grande curiosidade: "Quem é você?". Ao que ele respondeu: "Entre e veja por si mesma". Surpresa com a resposta, a boneca de sal se preparou e colocou um pé no mar. E, ao fazê-lo, sentiu como se uma parte de si mesma tivesse desaparecido. Temerosa, tirou o pé da água e ficou horrorizada ao ver como seu membro havia desaparecido.

Apesar do terror que sentiu, a boneca de sal decidiu seguir sua intuição e mergulhou direto no oceano. Quando seu corpo entrou, ela se dissolveu, até que quase não sobrou nada. Pouco antes de derreter completamente no mar, ela exclamou: "Agora sei quem sou!", e uma maravilhosa sensação de paz e felicidade inundou aquela praia.[1]

32. Misticismo e iluminação

Em nossa cultura ocidental, as palavras "misticismo" e "iluminação" têm uma conotação depreciativa e pejorativa. Tal é a ignorância que, muitas vezes, são usadas como zombaria ou desprezo. E não é para menos. É impossível saber o que elas significam por mero conhecimento intelectual. Para entendê-las verdadeiramente, temos que questionar nossos preconceitos e vivê-las por experiência pessoal.

Então, o que é misticismo? Trata-se de qualquer doutrina, ensinamento, caminho ou prática espiritual que nos permite — de maneira permanente ou temporária — transcender o ego, libertarmo-nos do falso conceito de identidade e nos desidentificarmos do *eu* ilusório. Como consequência, nos reconectamos com o ser essencial, deixamos de nos sentir um *eu* separado da realidade e nos tornamos *um* com a vida.

Nesse sentido, um "místico" é aquele que aprofundou seu autoconhecimento, vivenciando diretamente a fusão e a comunhão com o divino que reside nas profundezas de cada um de nós. É, portanto, qualquer ser humano que — como resultado de sua autoindagação — despertou, percebendo quão ilusório é o mundo que cocriamos através dos pensamentos. Em resumo, é aquele que se reconectou com a dimensão espiritual, que não precisa estar vinculada a nenhuma crença ou fé religiosa.

Ao longo da história da humanidade, os místicos foram demonizados, perseguidos e excomungados por diversas instituições religiosas. Não é por acaso que todos eles mostram que não precisamos de nenhum intermediário entre nós e deus, pois essa força invisível está em nosso interior. Portanto, o maior *inimigo* da religião não é o ateísmo, mas o misticismo.

Por sua vez, os místicos também foram tachados de "loucos" e "charlatães" por acadêmicos do Iluminismo e fanáticos do cientificismo. Para eles, o misticismo é um assunto absurdo que não tem nenhum fundamento conceitual, lógico ou racional. Inclusive, em alguns casos, consideraram que essas experiências de transcendência, união e reconexão com o sagrado são patologias típicas de doenças mentais.

A dualidade cognitiva

Pelo fato de nos identificarmos com o ego, com a mente e com os pensamentos, em nosso dia a dia vivemos imersos no que os místicos chamam de "consciência egoica" ou "consciência dupla", que cria a "dualidade cognitiva" a partir da qual costumamos ver e interpretar o mundo. Assim, estamos convencidos de que somos um *eu* separado (o observador) que interage com uma realidade externa (a observada). Por isso, estamos constantemente diferenciando o que é interno do que é externo.

Segundo essa noção dual criada por meio da linguagem e do intelecto, existem duas maneiras muito diferentes de se relacionar com a realidade. Por um lado, há a mentalidade que rege as pessoas mais inconscientes, que continuam acreditando que são "vítimas" de suas circunstâncias. É por isso que dão tanto poder ao exterior, culpando os outros por suas perturbações. Além disso, elas querem que os outros e o mundo mudem. Não à toa, contam a si mesmas mentalmente histórias como "sou vítima do que aconteceu comigo", "você me fez sofrer" ou "os outros precisam mudar".

Por outro lado, há a atitude adotada por pessoas com um pouco mais de consciência, que se consideram "responsáveis" pelo que lhes acontece e assumem que o poder reside em seu *interior*. Claro, muitas vezes elas se culpam quando tomam uma dose de veneno. Na verdade, elas querem mudar a si mesmas, usando o desenvolvimento pessoal como forma de melhorar e se aperfeiçoar. Nesse caso, suas narrativas mentais dizem coisas como "sou responsável pelo que me aconteceu", "me fiz sofrer" ou "tenho que mudar".

É evidente que há uma diferença notável entre viver da vitimização e viver da responsabilidade. Eles não apenas mudam o tipo de emoções dominantes que sentimos, mas também os resultados existenciais que colhemos na vida. No entanto, ambos os níveis de consciência estão sujeitos à dualidade que percebemos quando vivemos adormecidos, identificados com o *eu* fictício. Por mais que a história que contamos a nós mesmos seja diferente, em ambos os casos permanecemos encarcerados em nossa prisão mental, ou seja, presos em uma distorção cognitiva ilusória e subjetiva que nos faz acreditar que o irreal é real.

O verdadeiro ponto de virada acontece ao vivenciarmos uma "experiência mística". É um momento de profundo despertar, sem precedentes em nossa jornada existencial. Um *antes* e um *depois* que marcam completamente nossa forma de perceber a realidade e estar no mundo. Uma epifania gigantesca que transforma para sempre nossa forma de nos relacionarmos conosco e com tudo o que acontece em nossas vidas. Embora os pseudocéticos considerem que a experiência mística é subjetiva, todos os seres humanos que a vivenciaram compartilham exatamente a mesma experiência. O que é subjetivo é a forma como cada um deles a comunica.

A experiência mística é um acontecimento vivenciado em um plano que está além do intelecto e da linguagem. Lembre-se de que são eles que criam a ilusória dualidade em que vivemos em nosso estado ordinário de consciência. Por isso, os místicos chamam esse *lugar* onde a noção de tempo e espaço é alterada de "não dualidade". O principal fruto deste despertar espiritual é a "iluminação": um estado alterado e elevado de consciência em que a mente se esvai e os pensamentos desaparecem, produzindo *a morte do ego*. Assim, torna-se uma experiência sem um experimentador, uma vez que não há nesse estado nenhum *eu* que a vivencie.

Por mais que tentemos, é impossível descrever em palavras a experiência mística e o estado de iluminação. Sobretudo porque, ao fazê-lo, entramos mais uma vez na consciência dual, que é transmitida através do ego, da mente e da linguagem.

É por isso que o termo *eu* reaparece na mesma hora, embora não haja nenhum *eu* vivenciando aquela experiência.

O despertar da consciência-testemunha

Quando a identificação com o ego cai, a chamada "consciência-testemunha" surge de forma espontânea. Trata-se de uma observação neutra e impessoal a partir da qual se percebe a unidade e a neutralidade inerentes à realidade. Por isso, também é conhecida como "consciência neutra", "consciência essencial" ou *atman*, que significa "si mesmo" em sânscrito. De repente, nos enxergamos de fora, com plena consciência de que não somos o ego com o qual normalmente nos identificamos. É então que a dualidade é transcendida e compreendemos que, na realidade, não há separação entre dentro e fora, e nenhuma distinção entre interior e exterior, porque no fim das contas o observador e o observado são a mesma coisa.

Enquanto permanecemos nesse estado de consciência, surge uma poderosa sensação de presença, que nos conecta e nos enraíza no aqui e agora. Além disso, sentimos profunda alegria simplesmente por estarmos vivos. Claro, não é que *nós* estejamos felizes, amorosos ou em paz, mas há um maravilhoso sentimento de felicidade, amor e paz que inunda tudo.

Ao transcender a dualidade cognitiva, não faz sentido falar de vítimas ou responsáveis. Nesse nível de consciência, não culpamos os outros nem nos culpamos, principalmente porque não existe nenhum *eu* e, portanto, nenhum *você*. Não queremos mais mudar as pessoas ou o mundo, nem queremos mudar a nós mesmos. Pelo contrário, começamos a nos aceitar como somos, aceitando os outros e as circunstâncias como elas são. Deixando de lado quaisquer histórias fictícias sobre o que está acontecendo, começamos a nos relacionar com a realidade real, ou seja, com o que realmente está acontecendo a cada momento — aquilo que os místicos chamam de "o que é".

Graças à iluminação, verificamos empiricamente que, em nosso estado ordinário de consciência — o estado de vigília —, vivemos encarcerados em uma prisão mental. A iluminação também nos faz perceber que essa prisão não tem grades. A verdade é que essa libertação não é algo que temos que realizar ou alcançar, mas constitui nossa verdadeira natureza. É a manifestação do ser essencial, a característica fundamental da centelha da divindade com a qual nascemos. Embora possamos criar as condições — como cultivar conscientemente o silêncio, a meditação, a contemplação, a respiração ou o relaxamento —, é um acontecimento que apenas acontece.

A iluminação é um estado de *não mente* no qual o pensamento se extingue. Portanto, quando você está iluminado, é absolutamente impossível sofrer. Mas isso costuma ser temporário. Há pessoas que experimentaram por alguns segundos; outros, por horas, dias, meses ou anos. Em muitos casos, esse lampejo de iluminação se torna uma luz permanente, deixando um rastro de consciência que permanece para o resto de nossas vidas.

Se você acredita que você alcançou a iluminação
é porque ela não aconteceu.
Ramesh Balsekar

33. Deus está dentro de você

O principal efeito do despertar da consciência é que caem os véus ilusórios que nos impedem de perceber quem realmente somos. Graças à experiência da iluminação, descobrimos que nossa identidade autêntica é imanente e transcendente. Em outras palavras, é inerente e intrínseco à semente com a qual nascemos, mas à medida que floresce, vai além de nós mesmos. Ao mesmo tempo, também entendemos que é imutável e atemporal, pois é o que está sempre aqui e nunca muda. Em suma, o que resta quando nos desidentificamos de tudo o que não somos.

Nesse sentido, não somos nosso diploma universitário, que é apenas um pedaço de papel com carimbos e assinaturas. Podemos destruí-lo e ainda seríamos os mesmos. Também não somos nosso trabalho nem nosso cargo profissional. A qualquer momento podemos nos dedicar a outra coisa. Não somos o dinheiro em nossa conta-corrente ou nossos bens materiais. De um dia para o outro podemos perder tudo. Não somos a imagem que os outros têm de nós. A percepção deles é subjetiva e tem a ver com eles. Também não somos o nosso nome. Na verdade, podemos alterá-lo quando quisermos, inclusive alterando o que consta em nosso documento de identidade.

Não somos nosso corpo ou nossa aparência física. O corpo é o veículo que usamos para nos mover pela vida e experimentá-la. Além disso, em caso de amputação de um membro ou paralisia total, continuamos existindo e sendo nós mesmos. Não somos nossa mente. Ela é um instrumento incrível que, se soubermos usar, nos ajuda a cocriar uma vida extraordinária. A verdade é que, quando estamos muito relaxados, conectados e presentes, ela desaparece. Não somos nossas crenças. Podemos questioná-las e modificá-las a qualquer momento. Nem somos nossos pensamentos, que surgem espontaneamente. As histórias que contamos a nós mesmos são apenas isso: *histórias*. Pura ficção. Não somos nossas emoções, nossos sentimentos ou nossos humores. São todos passageiros. Assim como eles vêm, eles vão.

Lembremos que não escolhemos o lugar onde nascemos, os pais que tivemos ou a *educação* que recebemos. Portanto, não somos o personagem que criamos inconscientemente para se adaptar à sociedade. Não é por acaso que nossa personalidade é uma combinação da genética e da programação com a qual fomos condicionados pelo nosso ambiente social e familiar. Se tivéssemos nascido em outra parte do mundo, pensaríamos e nos comportaríamos superficialmente de maneira muito diferente. Por isso, também não somos nossa nacionalidade, nossa religião, nosso partido político ou nosso time de futebol. Tudo isso também seria diferente.

Por mais que tenhamos passado a vida inteira acreditando nisso, não somos o falso conceito de identidade. É apenas um disfarce existencial que nos cobre quando não sabemos quem somos ou por que estamos aqui. Também não somos o *eu* ilusório com o qual tendemos a nos identificar quando vivemos como prisioneiros de nossa consciência egoica e dual, sobretudo porque o ego é uma ficção. O *eu* é uma construção mental feita de pensamentos. E é precisamente o último véu que cai após a iluminação.

Quem somos?

E, então, quem somos? Esta é, sem dúvida, a questão fundamental que o desenvolvimento espiritual nos coloca. Para respondê-la, temos que descascar todas as camadas da cebola, acessando o coração: o ser essencial, nossa verdadeira identidade. O incrível é que, quando alcançamos as profundezas de nós mesmos, percebemos que não há ninguém lá. Por isso, aquele *lugar* é experimentado como um espaço vazio cheio de silêncio e quietude. É assim que descobrimos que não somos nada e ao mesmo tempo somos tudo.

Só então verificamos empiricamente que somos a consciência-testemunha que surge naturalmente quando nos libertamos desse aprisionamento psicológico chamado *eu*. Nesse estado, são produzidos através de nós uma observação neutra e um testemunho impessoal dos acontecimentos do nosso dia a dia. Como consequência, descobrimos que não somos o autor por trás de nossas atitudes, decisões e ações. Em vez disso, percebemos que as coisas apenas acontecem a despeito de nós mesmos. Devido à nossa ausência, é impossível que algo nos perturbe, sobretudo porque não há ninguém que possa ser perturbado.

Ao se reconectar com essa centelha de divindade que habita profundamente dentro de todos nós, de repente nos sentimos unidos e conectados à vida. Na verdade, sentimos que, além das aparências superficiais, "somos todos um", ou seja, somos todos iguais, pois fazemos parte de uma mesma consciência, que se manifesta e se expressa de várias maneiras. Por isso se diz que "forma é vazio e vazio é forma".[2] Ou que "a onda é o mar".[3] Essa consciência não dual, impessoal e neutra também é chamada de "deus". E não no sentido religioso, mas espiritual.

Assim, "deus" é o conceito que os místicos usam para descrever o estado de conexão profunda que experimentamos quando nos sentimos unidos com nossa natureza essencial e, portanto, com a realidade, a vida e o universo. Devido à ignorância e ao desconhecimento inerente às instituições religiosas, esta palavra foi manchada, corrompida e banalizada. Por isso, os fanáticos religiosos ficam chocados quando ouvem alguém dizer que "deus está dentro de nós" ou, pior ainda, que "somos deus". E este é o propósito final de nossa existência: unir o espírito e fundir a alma com a divindade.

Quando vivemos conectados com nossa verdadeira essência, sentimos como a vida cria através de nós. Isso é precisamente o que a palavra "entusiasmo" significa. Por isso, os místicos celebram sua existência como a manifestação do divino. Todos sabem que não há distância entre o ser humano e deus, pois existe apenas uma grande unidade que inclui e envolve absolutamente tudo. E o indicador mais irrefutável de que voltamos para *casa* é que sentimos felicidade, paz e amor. Trata-se de uma sensação interna de conexão suprema e absoluta que ninguém nos deu e que, portanto, ninguém pode tirar de nós.

A presença, a consciência e a felicidade
são três aspectos inseparáveis
do ser, assim como a umidade, a transparência
e a liquidez são da água.
Sri Ramana Maharshi

34. A MEDITAÇÃO COMO MEDICAMENTO

Viver adormecidos é ignorar que estamos encarcerados em uma prisão mental. Despertar envolve perceber que estamos encerrados nessa prisão. E a iluminação é o estado em que — de maneira permanente ou temporária — nos libertamos dela. O fato é que temos de ser muito sábios para estar despertos, atentos e alertas o tempo todo. Ainda mais quando o sistema em que vivemos é projetado para nos hipnotizar e nos manter inconscientes.

Geralmente, vivemos no estado de vigília, no qual não estamos completamente adormecidos, mas também não estamos completamente acordados. Prova disso é que somos prisioneiros da "mente disfuncional", que se caracteriza por não conseguir parar de pensar. É assim que nos tornamos escravos do pensamento compulsivo e egocêntrico — esse ruído mental irrelevante e autodestrutivo nos torna um pouco neuróticos. Como resultado direto disso, a maioria de nós sofre de uma doença muito sutil e socialmente aceita chamada "infelicidade".

Por nos identificarmos com o ego, passamos o dia pensando no que fizemos ontem ou no que faremos amanhã. Em muitas ocasiões nos torturamos por *algo* que não deveríamos ter feito no passado. Também nos preocupamos com *aquilo* que pode acontecer conosco no futuro. Não à toa, todos os nossos pensamentos giram em torno de medos, desejos, preocupações e expectativas do *eu* ilusório com o qual nos identificamos. E estes são infinitos, porque o ego sempre quer um pouco mais e nunca se satisfaz com nada.

Como o próprio nome sugere, a mente disfuncional nos torna pessoas disfuncionais. Quase nenhuma reflexão nos leva à ação; em vez disso, sofremos de paralisia de análise. Por isso, é difícil para nós tomar decisões; se agirmos, imediatamente especulamos sobre as possíveis consequências. Ao mesmo tempo, pensamos se o que estamos fazendo é certo ou errado, se pode ser melhorado, se deve ser diferente, se vai nos dar o que queremos, se os outros vão gostar... Como o ato de pensar está sequestrado pelo ego, pensamos que somos o *eu* que pensa, reforçando assim a identificação com o falso conceito de identidade.

Visto que o pensamento compulsivo é uma doença, os místicos compartilham sua cura há milhares de anos: a "meditação". Não é por acaso que esta palavra compartilha a mesma raiz etimológica de "medicamento". Ela é o melhor remédio natural que existe para acalmar nossa mente e esvaziá-la de pensamentos. É claro que, no início, esse tratamento pode ser desagradável e, às vezes, pareça terrível.

Não se faz meditação, ela acontece

E então o que é meditação? Desde os primórdios, ela tem sido chamada de "a arte das artes e a ciência das ciências". Não à toa, é a ferramenta que mais promove a paz interior, o despertar e a iluminação. Consiste essencialmente em parar, sentar e estar presente. Na verdade, meditar não é uma atividade; não se trata de fazer, mas de ser. Nesse sentido, não é algo que pode ser executado, mas que *acontece*. É como dormir. Nós não adormecemos como resultado de nossa vontade e perseverança. Não é algo que podemos alcançar quando quisermos. Claro que, quando criamos certas condições — como deitar, apagar a luz e fechar os olhos —, o sono acaba acontecendo naturalmente, sem esforço.

A mesma coisa acontece com a meditação. Criamos as condições certas, e o estado meditativo acabará acontecendo. Em primeiro lugar, é altamente recomendável fazer algum exercício físico antes de se sentar para meditar. Mover-se, suar e ofegar nos ajuda a relaxar o corpo e a limpar a mente da loucura psíquica que em geral nos acompanha aonde quer que vamos. Além disso, tomar banho com água fria (ou gelada) também causa um corte temporário do pensamento compulsivo, ficando mais fácil nos conectarmos mais com o momento presente.

O próximo passo é sentar. O mais comum é sentar-se de pernas cruzadas no chão, em uma almofada, ou diretamente em uma cadeira. Não existem regras fixas ou rígidas; o que for mais confortável para nós. Independentemente de como nos sentamos, o importante é que nossa coluna esteja ereta e que a postura escolhida não nos cause nenhuma tensão física, já que é preciso estar confortável para relaxar. Por isso, é conveniente meditar em um lugar agradável, calmo e tranquilo.

A partir daí, meditar consiste apenas em ser e estar; é um processo desprovido de objetivos e metas. Ironicamente, o desejo de paz nos afasta dela, sobretudo porque *quem* é que quer a paz? O ego! Por isso, é essencial entrar na meditação sem nenhum desejo de satisfação ou expectativa de satisfação. Não meditamos para conseguir algo, mas para deixar tudo, inclusive o desejo de não desejar.

No momento em que fechamos os olhos e nossa realidade escurece, de repente nos encontramos sozinhos com nossa mente e logo percebemos que os pensamentos não param de nos invadir. Eles vêm e vão automaticamente. Nesse sentido, meditar não tem nada a ver com parar de pensar ou deixar sua mente em branco. Na verdade, tentar é contraproducente, pois causa o efeito contrário: ainda mais pensamentos nos invadem!

Vamos fazer um pequeno exercício juntos. Vamos fechar os olhos e tentar não pensar em uma vaca roxa. Não podemos pensar nela. A vaca roxa não pode aparecer em nossa mente em momento algum. Nem pense nisso. Nem uma vez. E então, paradoxalmente, acontece aquele *"muuuuuuuuuuuuuuu!"*. De repente, a vaca roxa está em todos os nossos pensamentos, porque ela mesma se torna o pensamento. Querer parar de pensar para ter mais paz é como tentar parar de respirar para ter mais vida. Um verdadeiro absurdo. Mas faz parte do caminho. Estamos ficando conscientes de tudo isso, e muito mais, enquanto meditamos.

O normal é sentir incômodo no início

Durante a meditação, o importante é observar a mente sem acreditar ou ficar viciado em nenhum dos pensamentos que aparecem. Não depende de nós se eles vêm ou vão. Eles vieram sem ser convidados e vão embora sem serem expulsos. Lembremos que cada um deles propõe uma história fictícia que nada tem a ver com o que verdadeiramente está acontecendo enquanto meditamos: há um ser sentado observando a mente. Todo o resto é ilusório, mesmo aqueles pensamentos relacionados à própria meditação. De fato, chega um momento em que até o observador desaparece e só resta uma observação impessoal: a consciência-testemunha.

Lembremos que, quanto mais desconectados estivermos do ser essencial, maior será a identificação com o ego. Consequentemente, mais compulsivo e neurótico é o ato de pensar. Esta é a razão pela qual, no início, é mais normal que nos sintamos muito desconfortáveis e entediados durante a inatividade e o silêncio. Nesse caso, sentar nos ajudará a perceber que não temos controle sobre nossa mente ou nossos pensamentos. E mais: que não conseguimos parar de pensar. Por outro lado, percebemos como é difícil, em um primeiro momento, sair desse aprisionamento mental. Por isso, em geral, fazemos todo o possível para evitar ficar a sós conosco, sem distrações de qualquer tipo. Literalmente fugimos da meditação. Fazemos isso todos os dias, 24 horas por dia. A verdade é que quando menos a queremos mais precisamos dela.

Na verdade, muitas vezes durante a meditação pensamos se "estamos fazendo certo" ou se "o que está acontecendo — seja o que for — é o que deveria estar acontecendo". É assim que o ego tenta nos boicotar. A meditação consiste em estarmos conscientes do nosso processo mental, permitindo que a mente e os pensamentos sejam como são em cada momento, sem tentar mudá-los. Na prática meditativa, "a melhor maneira de chegar a algum lugar é parar de tentar chegar a algum lugar".[4]

A menos que entendamos isso, continuaremos pensando que "não podemos meditar", o que é outro pensamento. Falso também. Quando dizemos (para nós mesmos) que não podemos meditar, o que estamos de fato dizendo é que, durante a meditação, o que queremos que aconteça não acontece. Por isso nos causa mais tensão do que relaxamento e, como consequência, não dedicamos tempo a isso. No entanto, vale a pena sentar, deixando de lado qualquer expectativa para observar e aceitar o que acontece.

Enquanto meditamos, temos de colocar toda a nossa atenção na respiração, tendo consciência de como inspiramos e expiramos o ar que entra e sai de nossos pulmões. Podemos respirar fundo algumas vezes para relaxar, mas depois temos que deixar acontecer naturalmente. Logo descobrimos o quão pouco é preciso para nos perdermos em um de nossos pensamentos de novo. É completamente normal irmos por um tempo para outro lugar imaginário. O jogo é perceber e redirecionar nossa atenção para a respiração. É precisamente isso que a meditação nos propõe: estar conscientes.

Soltar o controle e se deixar ir

Meditar também consiste em perceber as diferentes sensações que aparecem, como pressão, formigamento, vibrações, calafrios... Por sua vez, ficar sentado quieto e sem fazer nada nos confronta diretamente com o lado obscuro de nossa psique. Nesse sentido, emoções reprimidas por muito tempo muitas vezes emergem de nossas profundezas. O que quer que apareça, nós apenas observamos com aceitação e desapego, pois, assim como vem, vai embora. Não somos amigos ou inimigos de nada que acontece dentro de nós. Nós o abraçamos e nos despedimos com amor.

Com o tempo e a prática, às vezes acontece de, no meio desse silêncio e dessa escuridão, sentirmos de repente uma sensação desconfortável e angustiante de vazio. Parece que um gigantesco buraco negro interno quer nos sugar por dentro. Neste ponto, tudo se resume a abrir mão do controle. Ou melhor, abandonar a ilusão de que controlamos algo. E, às vezes, esse *desapego* impessoal — desprovido de desejo, intenção e vontade egoicos — finalmente acontece. É então que nos fundimos com a respiração, desaparecendo todo o resto.

Nesse sentido, a entrega incondicional e a entrega absoluta são tanto a causa quanto a consequência da dissolução da mente, do desaparecimento dos pensamentos e, portanto, da transcendência do ego. Assim morre o *eu* fictício com o qual normalmente nos identificamos, dando origem a uma presença, uma consciência e uma alegria que invadem tudo. Então vem o estado de iluminação — nossa verdadeira natureza essencial —, no qual a consciência-testemunha presencia uma experiência de unidade, vazio e plenitude, que os místicos chamam de "deus".

Em suma, a meditação é o ato, e também o estado, que pode acontecer como resultado da meditação. Sentar-se em silêncio para observar a mente não é um meio para chegar a um fim, mas um fim em si mesmo. E quanto mais nos sentamos para meditar, mais queremos nos sentar novamente. Embora seja a última coisa que queremos fazer quando vivemos identificados com o ego, ao nos reconectarmos com o ser essencial, é o que mais queremos fazer. À medida que nos aprofundamos, meditar se torna cada vez mais simples, agradável e prazeroso, tornando-se algo tão natural quanto comer, dormir ou respirar.

> *Enquanto houver um meditador com expectativas de obter algo da meditação, meditar será inútil. A verdadeira meditação acontece quando o meditador desaparece gradualmente dentro da meditação.*
> Ramesh Balsekar

35. Tome banho enquanto estiver tomando banho

Em geral, nunca estamos no lugar onde estamos. Estamos sempre em outro lugar, longe de nós mesmos e do momento presente. Prova disso é que não costumamos tomar banho enquanto tomamos banho. Não sentimos a água quente caindo em nosso corpo, valorizando e aproveitando plenamente esse *momentaço* do cotidiano. Pelo contrário, costumamos estar mergulhados em nossa mente e em nossos pensamentos, pensando em algo que não tem nada a ver com o banho. Pode ser que pensemos na raiva que sentimos do nosso chefe ontem ou na preguiça de ir à casa da nossa sogra amanhã.

Independentemente do que estivermos pensando, quando vivemos no estado de adormecimento não percebemos que estamos hipnotizados por nossos pensamentos. Em nenhum momento temos consciência de que não estamos nos relacionando com a realidade verdadeira: o que é e está acontecendo a cada momento. Isso acontece porque a consciência-testemunha é sequestrada pela mente disfuncional, que nunca para de pensar, mantendo-nos trancados em nossa própria prisão mental. Por isso nunca estamos sozinhos no chuveiro. Nossa inconsciência faz com que, às vezes, tomemos banho com nosso chefe e nossa sogra! E que, em alguns casos, tomemos uma dose de veneno por isso...

Mais uma vez, cultivar o silêncio e a quietude durante alguns instantes do dia é o melhor investimento que podemos fazer para nos libertarmos dessa invisível escravidão interior. Graças à meditação, nos identificamos cada vez menos com o *eu* ilusório e cada vez mais com a consciência-testemunha. Neste momento, o *mindfulness* ou a "atenção plena" se instala em nós. Trata-se de um estado de presença e alerta que vem naturalmente quando vivemos despertos e conscientes. Para começar, esse estado nos permite viver muito mais conectados com o ser essencial, tornando-nos pessoas mais serenas, equilibradas, sensíveis e empáticas. E, consequentemente, menos egocêntricas, neuróticas, reativas e vitimistas.

Em essência, a atenção plena nos faz perceber que não somos a mente ou os pensamentos, mas a consciência-testemunha capaz de observá-los *de fora*. Assim, enquanto seguimos com nossas tarefas diárias, não nos perdemos mais no mundo exterior, mas mantemos o foco sempre em nossa maneira de olhar e interpretar. Entre outros benefícios, o *mindfulness* nos permite flagrar pensamentos potencialmente perturbadores antes de acreditarmos neles. Desse modo, a atenção plena é o que nos permite praticar o "*eeeeeeeeeeeeeei!*", o mantra que interrompe instantaneamente a corrente do pensamento negativo, evitando que nos perturbemos.

Por exemplo, imagine que estamos jogando uma *partida de tênis* e, de repente, o seguinte diálogo interno se inicia: "Estou perdendo de três *sets* a zero e, neste *game*, estou ganhando de 40 a 30. Tente fazer um bom primeiro saque". É isso mesmo que está acontecendo? Não, longe disso. Essa história é ilusória. Mas isso não é tudo: do nada, somos invadidos por um pensamento perturbador relacionado a um problema de trabalho que tivemos recentemente e que ainda não resolvemos. De repente, nosso *chefe* também está conosco durante a *partida*! Ao nos prendermos a esse pensamento, não apenas nos perturbamos, mas deixamos de estar mentalmente na quadra de tênis, mudando nossa atenção para o escritório da empresa em que trabalhamos. Segundos depois, cometemos uma *dupla falta*, fazendo com que o ego reaja por impulso e nós tomemos outra dose de veneno.

Para além dessas histórias ilusórias não observadas ou questionadas pela consciência-testemunha, o que está realmente acontecendo é algo muito diferente. Se percebermos essa situação a partir da neutralidade, veremos dois seres batendo em uma bola, com um bastão com fios, em uma superfície com linhas brancas no chão, divididas em duas partes iguais por uma rede. Um deles — *nós* — apenas rebateu a bola duas vezes seguidas na rede, ficando bravo consigo mesmo por ter feito isso. Todo o resto é irreal: só existe em nossa imaginação.

O JOGO INTERIOR

Graças à atenção plena, a todo momento estamos conscientes dos pensamentos que surgem, sem nos identificarmos com nenhum deles. Ela também nos permite observar, questionar e domar a mente a fim de não perdermos o foco no momento presente. No mundo do *coaching* esportivo, esse treinamento mental é chamado de "jogo interior". Não por acaso, quem ganha os jogos costuma ser aquele que se relaciona melhor com a própria mente enquanto joga. Além disso, como a auto-observação acalma e dissolve a mente, chega um ponto em que *desaparecemos*, fundindo-nos com a raquete e nos tornando a *partida de tênis*. No momento em que sentimos que ninguém está jogando, começamos a jogar no nosso melhor, sentindo o *tênis* acontecendo através de nós.

No fim das contas, é a prática do *mindfulness* que nos permite evitar a identificação com a mente, enraizando a consciência-testemunha no aqui e agora. É o que nos leva a sorrir conscientemente toda vez que pegamos no ar um dos pensamentos que antes nos causavam tanto sofrimento. É assim que paramos de levar tão a sério o conteúdo de nossa mente, descobrindo que nosso senso de identidade não depende mais dele. Essa revelação torna nossa vida mais simples e amplia nosso bem-estar.

O maior aliado para cultivar a atenção plena é nossa respiração, pois ela sempre acontece no momento presente. Um indicador claro de que estamos despertos é estar ciente da inspiração e da expiração, já que isso nos faz parar de pensar automaticamente. De fato, ou pensamos ou respiramos de forma consciente; podemos fazer as duas coisas ao mesmo tempo. O *mindfulness* também nos leva a viver a partir de dentro, habitando nosso corpo. O fato de estar presente é, por si só, uma forma poderosa de autocura, pois eleva nossa frequência vibratória e fortalece nosso sistema imunológico. Muitas doenças *surgem* quando estamos ausentes de nosso corpo, perdidos no labirinto de nossa mente.

Por outro lado, a atenção plena nos permite ouvir os outros de forma ativa e empática, em vez de apenas ouvir o que eles dizem, esperando nossa vez de falar. Em geral, não sabemos ouvir porque quase toda a nossa atenção está ocupada pelo pensamento. Daí nosso ruído mental nos impede de ver o outro. Ao esvaziar nossa mente de pensamentos, podemos prestar atenção real ao que nosso interlocutor está nos contando. Ao estarmos presentes, damos-lhe espaço para ser. Isso é, sem dúvida, o presente mais valioso que lhe podemos oferecer. As pessoas não gostam de nós por quem somos, mas por como elas se sentem quando interagem conosco.

Por fim, manter a prática do *mindfulness* acaba por *aniquilar* a mente disfuncional, erradicando o pensamento compulsivo e egocêntrico. De fato, quando vivemos despertos e conscientes, fica em atividade apenas a nossa "mente funcional",[5] que se concentra unicamente em fazer o que é necessário a cada momento, de acordo com as circunstâncias. Por estar guiada pelo ser essencial, não se lamenta nem se preocupa. Ela também não tem desejos ou expectativas, está cem por cento operacional. E, por não ser interrompida pela mente disfuncional, nos torna pessoas muito mais eficientes quando se trata de enfrentar as situações da vida. E, meu deus, como o chuveiro muda quando realmente tomamos banho enquanto estamos tomando banho. Tem gosto de glória!

> *Se quer conhecer o passado, olhe para*
> *o presente, que é seu resultado.*
> *Se quer conhecer o futuro, olhe para o*
> *presente, que é a sua causa.*
> SIDDHARTA GAUTAMA, "BUDA"

36. O mundo é uma ilusão

Experiência mística. Despertar. Perceber. Consciência-testemunha. Meditação. *Mindfulness*. Iluminação. Liberação. Não dualidade... Há muitas palavras que apontam na mesma direção, que está além da mente, do intelecto e do ego. O denominador comum de todos aqueles que as vivenciaram é terem aberto os olhos e chegado à mesma conclusão: "o mundo é *maya*",[6] uma ilusão cognitiva criada pela mente por meio das crenças fictícias e dos pensamentos irreais.

Hoje, nossa vida está baseada em uma série de construções sociais imaginárias. Não é por acaso que o ser humano é uma espécie muito criativa e inventiva; temos o poder de tornar real aquilo em que acreditamos. Uma das invenções mais revolucionárias foi justamente a linguagem, que é uma "enteléquia", ou seja, algo irreal que consideramos real. Lembremos que os logogramas usados para construir palavras e frases são símbolos que não têm valor ou significado em si mesmos. No entanto, eles nos permitiram comunicar e cooperar em larga escala através da construção de mitos comuns que só existem no imaginário coletivo das pessoas.

Um exemplo claro disso são as religiões organizadas, cada uma com seu próprio livro sagrado, seus próprios dogmas e seus próprios rituais. Cada uma delas tem seu próprio *relato* religioso. Na verdade, um cristão nada mais é do que alguém que acredita na *história* contada por essa religião. Ao acreditar nela, ele participa de uma realidade imaginária chamada "cristianismo". Por conta disso, pode se reunir com outros cristãos que não conhece e ainda orar juntos na mesma igreja. Isso é possível justamente porque eles acreditam na mesma ficção.

A mesma coisa acontece com nações e países. Os mapas políticos são outra enteléquia. O que chamamos de Espanha hoje é, na verdade, uma área geográfica específica que foi chamada de muitos nomes diferentes ao longo da história. No entanto, dois espanhóis que não se conhecem seguem a mesma bandeira, emocionam-se ao ouvir o hino nacional e comemoram com paixão os gols de seu time de futebol. Eles compartilham a mesma cultura, a mesma tradição e a mesma língua, que também são uma invenção. É por isso que as pessoas são diferentes em todos os cantos do mundo, todas são um reflexo do sistema de crenças ilusório compartilhado pelos habitantes de cada território.

E o que dizer dos Estados, da democracia ou dos partidos políticos? São apenas mais do mesmo: realidades imaginárias coletivas. De quatro em quatro anos, votamos com a ilusão de que estamos escolhendo livremente os nossos representantes do Governo. Além disso, pagamos os nossos impostos acreditando contribuir para o financiamento do "Estado de bem-estar", partilhando e distribuindo a riqueza de forma igualitária entre os cidadãos. Enquanto isso, continuamos escrevendo constituições, criando leis e estabelecendo acordos sociais que só existem na mente de quem acredita neles. Nada disso é verdadeiramente real, mas, ao acreditar, fazemos disso nossa realidade.

O dinheiro é uma ficção

O sistema financeiro, os bancos centrais e a Reserva Federal também são ficção, sobretudo porque a única coisa que fazem é imprimir papéis com selos e fazer lançamentos nas contas do computador. De fato, o chamado "dinheiro fiduciário" (o euro, o dólar, a libra, o peso, o real etc.) acabará sendo substituído por criptomoedas, como Bitcoin ou Ethereum, duas fantasias ainda mais sofisticadas. O dinheiro, independentemente da forma que lhe dermos, é outra enteléquia que só existe porque é válida em nossas mentes. Na verdade, seu único valor está no fato de que confiamos nele como um meio oficial de troca para nos relacionarmos.

Por mais que continuemos acreditando, na realidade não existe Javé, Deus ou Alá. Não existe judaísmo, cristianismo ou islamismo. Não há religião, a Igreja católica ou o Vaticano. Não há monarquia ou república. A Constituição espanhola de 1978 não existe, nem o ano de 1978. Na verdade, os números não existem. Barcelona, Catalunha, Espanha e Europa também não existem. Não há Governo central ou regional, nem qualquer outra instituição pública. Política e partidos não existem. Não existe esquerda ou direita, muito menos democracia. Na verdade, não há ideologia.

Não há dinheiro, o Ibex-35, o Nasdaq, a Bolsa de Valores de Nova York ou qualquer outro mercado financeiro. Não existe Apple, Google, Amazon ou Microsoft. Não existe Fundo Monetário Internacional (FMI), Organização das Nações Unidas (ONU) ou Organização Mundial da Saúde (OMS). Não há Liga dos Campeões, Roland Garros,

Super Bowl ou Jogos Olímpicos. Também não há internet ou e-mail. Não há Facebook, Instagram, Twitter, WhatsApp ou Tinder. Também não há *Blockchain* ou contratos inteligentes... A maioria das coisas que dão sentido à nossa existência são completamente artificiais e ilusórias. Embora pareça, não existem na realidade. São *maya*. Não fosse nossa capacidade de inventar esse tipo de ficção, a humanidade continuaria vivendo imersa na natureza — rodeada apenas por montanhas, florestas e lagos —, caçando animais e coletando sementes e frutos. Nossa capacidade de evoluir como espécie e progredir como civilização é forjada pela crença em enteléquias que só existem em nossos pensamentos.

É claro que, embora o mundo seja uma ilusão, isso não significa que tenhamos que desistir dele. Muito menos agora que tiramos o véu de nossos olhos, deixamos de tomar como certo e verdadeiro o que é ilusório e irreal. Como consequência, não levamos mais a *matrix* tão a sério nem nos perdemos na miragem das aparências. Ainda que continuemos a fazer parte do sistema e da sociedade, renunciamos a participar da loucura coletiva. Isso acontece por fazermos a distinção entre a *maya* que tecemos sobre o mundo com nossas crenças e a realidade neutra que está por trás dela.

Um dos sinais mais claros que mostra que despertamos é a percepção de que a humanidade está enlouquecendo. E não é um julgamento moral, mas uma mera avaliação descritiva. Não à toa, a maioria de nós ainda está presa em uma neurose muito sutil: acreditar que o que pensamos é real. A única razão pela qual não estamos trancados em um manicômio é porque somos muitos.

O mundo é uma alucinação coletiva compartilhada.
TERENCE MCKENNA

X

O EGO ESPIRITUAL

> O ego sempre acaba corrompendo qualquer coisa para seus próprios fins, inclusive a espiritualidade.
> CHÖGYAM TRUNGPA

Era uma vez um cientista *muito exigente que descobriu a arte da clonagem. Ele sabia como reproduzir humanos tão perfeitamente que era impossível distinguir a cópia do original. Um dia, ele descobriu que o anjo da morte estava procurando por ele e, para tentar escapar de seu terrível destino, fez dez cópias exatas de si mesmo.*

Enfim, o anjo da morte estava diante do cientista e sua comitiva de clones. No entanto, sem saber qual deles era o verdadeiro, ele os deixou sozinhos e foi para outro lugar. Mas não por muito tempo. Sendo um especialista na condição humana, ele logo inventou uma estratégia engenhosa para desmascará-la.

Pouco depois, o anjo da morte voltou a ficar diante do cientista e seus dez clones. Por alguns minutos dedicou-se a observar cada um deles detalhadamente. Depois de concluir sua cuidadosa análise, disse: "Devemos admitir que você é um gênio, porque suas cópias são perfeitas. No entanto, a sua obra tem um pequeno defeito...".

Ao ouvir isso, o ego do cientista deu um salto, e o homem gritou: "Impossível! Onde está o defeito?". O anjo da morte olhou-o nos olhos, estendeu o braço, apontou o dedo para ele e logo depois respondeu: "Bem aqui".[1]

37. O negócio do desespero

Os remendos do século xx não servem mais para cobrir os buracos do xxi. Prova disso é a ascensão imparável da "indústria da autoajuda". Essa grande colcha de retalhos inclui todos os tipos de métodos, ferramentas, abordagens, técnicas, disciplinas ou conhecimentos alternativos à psicoterapia tradicional, entre os quais também estão o autoconhecimento e o desenvolvimento espiritual.

Mas o que é *autoajuda*? Trata-se do conjunto de pautas existenciais que determinados profissionais compartilham — por meio de livros, sessões particulares, seminários presenciais ou cursos on-line — para que outras pessoas aprendam a se ajudar. E uma vez que a sociedade está tão perdida e seu desconforto tão grande, esse nicho está crescendo exponencialmente.

Dito isso, fica claro que quanto mais popular algo se torna, mais tende a se tornar distorcido, banalizado e corrompido. É exatamente isso que está acontecendo. A democratização da sabedoria é uma bênção para a humanidade. No entanto, o fato de que mais e mais pessoas se dediquem a tentar esclarecer a sociedade acaba criando, inevitavelmente, sua própria sombra. Como diz o ditado: "Há gosto para tudo". E não poderia ser diferente na indústria de autoajuda.

Há uma epidemia de pessoas que, após passarem por uma crise, se reinventaram e se tornaram *coaches*. Como consequência, eles se dedicam profissionalmente a acompanhar os outros em seus processos de mudança. Na verdade, não há nada de errado com isso. Na arte de aprender a viver, qualquer inspiração é boa, e nunca se sabe qual estímulo vai gerar um *insight*. Mas, claro, pelo fato de ser tão fácil e acessível entrar nesse setor, os detratores da autoajuda a consideram charlatanismo. Não deixam de ter razão.

A partir daí e como em qualquer mercado, tudo fica nas mãos da "lei da oferta e da procura". Podemos enganar nossos clientes uma vez, mas não mais do que isso, porque eles irão para a concorrência se tiverem alternativas. Note-se que, como em qualquer outro setor, a fraude não é inerente à autoajuda, mas a quem comete fraude em seu nome. O ego aproveita qualquer oportunidade para lucrar e tirar vantagem dos mais fracos e vulneráveis. Por isso, é fundamental ser muito cético e escolher com sabedoria onde e com quem nos (trans)formamos, principalmente quando estamos dando os primeiros passos.

E, claro, sempre temos a opção de ser radicalmente autodidatas. Podemos aprender a cozinhar tendo aulas particulares com um *chef* experiente ou podemos aprender cozinhando por conta própria. O recomendado é aprender com alguém que nos ensine fundamentos sólidos que nos permitam, no devido tempo, continuar cozinhando e aprendendo por conta própria. Acontece a mesma coisa com o autoconhecimento e o desenvolvimento espiritual. Embora seja importante ter referências, mais cedo ou mais tarde teremos que *matá-las*. Metaforicamente, é claro. Só assim podemos nos tornar nossos próprios *referenciais*. Esse *assassinato* faz parte do caminho que nos leva à verdadeira sabedoria.

> *Não há negócio melhor do que vender*
> *para pessoas desesperadas*
> *um produto que garante eliminar o desespero.*
> ALDOUS HUXLEY

38. O LADO OBSCURO DOS GURUS

Apesar de suas boas intenções, muitos dos chamados "especialistas em autoajuda" não estão suficientemente qualificados ou preparados para entregar o que eles mesmos prometem. Isso não tem nada a ver com títulos ou certificações oficiais, mas com o verdadeiro trabalho interior que fizeram (ou não) consigo mesmos. Em um nível emocional e espiritual, só podemos compartilhar com os outros o que resolvemos e transformamos em nós mesmos, de modo que o único currículo que conta são os resultados que colhemos em nossas próprias vidas.

Independentemente do valor real que cada um deles têm, o *establishment* intelectual os rotula como "charlatães da pseudociência" e "vendedores de ilusões". A verdade é que alguns deles são. Seja como for, caso busquemos acompanhamento ao embarcar em nossa jornada de autoconhecimento e desenvolvimento espiritual, é fundamental que o façamos guiados por um verdadeiro sábio e, se possível, evitar os gurus, que apenas parecem sábios.

O que sábios têm em comum é que eles questionaram as convenções sociais de seu tempo, ousam honrar sua singularidade, são fiéis aos ditames do ser essencial e não se afetam pelo que as pessoas pensam deles. Além disso, todos vivenciaram uma experiência mística que puderam integrar em seu modo de vida. Eles diferem dos gurus por serem genuinamente humildes: sabem que a mensagem é o que realmente importa, não o mensageiro. Eles não se deslumbram com sua luz, mas ajudam os outros a verem a luz própria.

Outro indicador muito confiável para reconhecer os sábios é que eles têm integridade. São coerentes com o que pensam, dizem e fazem, e são radicalmente fiéis ao que pregam. Isso não significa que sejam perfeitos, que não tenham ego ou que não se perturbem mais. Nem de longe. Significa que eles são honestos e autênticos. Desse modo, eles incluem seu lado obscuro em seu discurso, mostrando publicamente seus defeitos, suas inconsistências, fraquezas e mediocridades. Eles se aceitam como são e se sentem em paz mesmo quando estão em guerra, preservando um sorriso interior nos momentos de trevas.

Outra característica infalível para identificar verdadeiros sábios é que eles não criam relações de dependência com seus seguidores. Eles nunca se tornam um remendo ou uma muleta. Na verdade, por não se verem como mestres, não têm discípulos. Não dão receitas nem conselhos, pois sabem que cada ser humano é único, singular e diferente e que nem todos funcionam da mesma forma. Assim, eles se concentram em fazer perguntas, compartilhar reflexões e facilitar experiências que permitam a outros buscadores crescerem em compreensão e sabedoria. Mais do que seguidores, eles contribuem para a *criação* de novos sábios.

Ensinar para aprender

Os sábios se colocam em todos os momentos no mesmo nível daqueles que acompanham e inspiram; eles são empáticos, gentis e pacientes com aqueles ao seu redor. Estão muito conscientes de que as coisas que compartilham são as coisas que foram mais difíceis de aprender. Na verdade, eles sabem que o simples ato de compartilhar o que aprenderam é curativo, transformador e libertador para eles. Afinal de contas, quem mais aprende é aquele que supostamente ensina. Portanto, compartilhar é a sua terapia.

Também não adotam uma atitude boa ou paternalista, pois entendem que ninguém pode ajudar ninguém a fazer sua própria transformação, e ninguém pode percorrer o caminho espiritual pelos outros. Pensar o contrário é um ato de arrogância, condescendência e superioridade. A mudança sempre acontece de dentro para fora. Nesse sentido, o que muda nossa existência não é o livro, o curso ou o estudioso de plantão. Estas são apenas ferramentas. Lembre-se de que elas são neutras. O que de fato nos transforma é o que cada um de nós faz com elas.

Os gurus, por sua vez, também podem ter tido um lampejo de luz em suas vidas. No entanto, com o tempo, eles se identificaram plenamente com o ego de novo. Como consequência, criaram o personagem de "mestre iluminado". Prova disso é que ao, se apresentarem publicamente, oferecem apenas uma de suas faces: a luminosa, dando uma imagem distorcida de quem realmente são. Para se esconder, às vezes fingem falsa modéstia. É uma característica inconsciente que eles têm, porque dão importância demais a si mesmos. Não à toa, ainda se importam com o que os outros pensam deles.

Aos olhos dos outros, os gurus parecem referências imaculadas, impecáveis e de porcelana, provocando a idealização de quem os segue e admira. Dessa forma, os discípulos tendem a endeusá-los, eliminando deles qualquer traço de humanidade. O problema piora quando os gurus acreditam nisso, crendo que são essa versão divinizada de si mesmos. É quando seus egos conseguem o que querem: sentirem-se importantes e poderosos, além de imprescindíveis para que outros iniciem e concluam seus processos de transformação e despertar.

Os gurus estão convencidos de que estão ajudando seus seguidores, posicionando-se acima daqueles que recebem essa ajuda. Dessa forma, estabelecem relações de dependência com seus discípulos. Geralmente, estão cercados por um séquito de fãs incondicionais, muitos dos quais são fanáticos de verdade. Por outro lado, muitas vezes dão conselhos e receitas sobre como os outros devem viver suas vidas e tendem a seguir um único método — que pode ter sido criado por eles —, subestimando e desacreditando as ferramentas da concorrência. Além disso, comparam-se a outros gurus, a quem secretamente invejam e julgam.

Apesar dessas diferenças, o que os sábios e gurus têm em comum é que ambos são meros espelhos em que os outros se projetam e se veem refletidos. É claro que os sábios transcenderam a necessidade emocional de "ser alguém" e a necessidade econômica de "conseguir alguma coisa", ligadas à ambição e à ganância do ego. Por isso, eles desfrutam de seu papel com entusiasmo, generosidade e uma verdadeira dedicação ao serviço. Como existem tantas ferramentas e profissionais no mercado espiritual, é necessário que desenvolvamos nossos próprios critérios. Ao escolher uma referência, a energia transmitida por sua presença é mais importante do que os títulos pendurados na parede de seu escritório.

Não ergueis estátuas em meu nome. Sede vossa própria lâmpada; sede vosso próprio lar. Não busqueis luz nem refúgio fora de vós mesmos.
Siddharta Gautama, "Buda"

39. Viciados em autoajuda

O triunfo da indústria de autoajuda está muito relacionado com a progressiva perda de credibilidade que as instituições religiosas estão sofrendo. Na verdade, a autoajuda está a caminho de se tornar a religião do século xxi. No entanto, ambas têm em comum o fato de oferecerem a seus clientes remendos e alívios na forma de receitas e pílulas, em oposição ao autoconhecimento e ao desenvolvimento espiritual, que são processos dolorosos que produzem a verdadeira cura.

Nesse contexto, há cada vez mais viciados em autoajuda que, desesperados, anseiam por encontrar uma fórmula mágica que erradicará definitivamente seu sofrimento. Tanto que são conhecidos como "cursistas", ou seja, indivíduos que fazem curso após curso, devoram dezenas de livros de desenvolvimento pessoal com pouco tempo para digerir, processar e — mais importante — colocar essas informações em prática.

Ironicamente, acumular muito conhecimento pode se tornar um obstáculo em nosso caminho para a transformação. Mais do que estudiosos, o essencial é que nos tornemos sábios. Sabedoria é a capacidade de obter voluntariamente resultados satisfatórios, o que é uma questão de prática e treinamento. Uma pessoa que perdoou alguém sabe mais sobre perdão do que outra que leu ensaios e fez seminários sobre "aprender a perdoar" e ainda não perdoou. O verdadeiro saber não reside no conhecimento, mas na experiência.

Seja como for, a verdadeira sombra da indústria de autoajuda é muito mais invisível e prejudicial. Está relacionada a se manter na superfície das coisas e não ir fundo o suficiente para chegar a uma transformação real. A menos que realizemos um trabalho interior honesto de autoconhecimento, será difícil nos reconectarmos conscientemente com o ser essencial e, portanto, continuaremos identificados com o *eu* ilusório e vivendo a vida a partir da consciência egoica, pervertendo a espiritualidade.

Esse novo e sofisticado disfarce é chamado de "ego espiritual". Depois de nos desconectarmos de nossa verdadeira essência, negando-a e começando a procurá-la, entramos na quarta fase do desenvolvimento espiritual "a distorção do ser", que se manifesta em todos aqueles buscadores que, depois de adquirir certo conhecimento e vivenciar certas experiências, acreditam estar de posse da verdade absoluta. A partir daí, criamos inconscientemente uma nova moralidade espiritual, usando os conceitos espirituais que aprendemos para nos afirmarmos e nos sentirmos superiores àqueles que consideramos "adormecidos".

O ego espiritual tem muitas faces. Em algumas pessoas, manifesta-se como "autoexigência", o que as leva a ficarem obcecadas com a perfeição nesta área. De uma hora para a outra, elas se sentem melhor por não assistir mais à televisão. Por ter lido O *poder do agora*, de Eckhart Tolle. Por não gostar de futebol. E, finalmente, por ter renunciado e transcendido o mundano... Elas também começam a ficar chateadas porque não deveriam estar chateadas. No entanto, tendem a julgar os outros com base em seu nível de consciência e a tentar transformá-los para que vivam mais despertos.

A espiritualidade como enfeite da personalidade

Em outras situações, o ego espiritual aumenta o "orgulho" das pessoas, fazendo-as acreditar que não têm mais nada a aprender e que elas já atingiram o ápice da iluminação. Olhando para os outros com desprezo, elas sentem pena dos menos evoluídos. Portanto, elas não podem evitar lhes dar conselhos. Para outros, expressam sua "vaidade", exibindo-se e se gabando de quão evoluídos são. Dizem a todos que fizeram determinado retiro com certo guru, às vezes até em algum *ashram* na Índia. Elas também pegam o megafone para destacar que são veganas, que meditam todos os dias e que vão de bicicleta para todos os lugares. Dessa forma, usam a espiritualidade para enfeitar sua personalidade.

O ego espiritual também faz com que alguns buscadores expressem o "egocentrismo", perdendo-se em si mesmos e tornando-se viciados na busca. Nesse caso, rejeitam as pessoas mundanas e superficiais por sua falta de profundidade e consciência e, caso interajam com elas, imediatamente conversam sobre desenvolvimento espiritual, mesmo que não elas estejam interessadas. Para outros, maximizam seu "racionalismo", confundindo sabedoria com consumo e acúmulo de conhecimento. Além disso, também acreditam erroneamente que desapego é o mesmo que indiferença e a usam como escudo para evitar sentir suas emoções. Na verdade, eles usam a meditação para se isolarem do mundo.

Em outros casos, o ego espiritual acentua sua "credulidade", e eles passam a acreditar em tudo o que outros gurus lhes dizem sem ter comprovado empiricamente. Agir assim acalma sua ansiedade e faz com que se sintam seguros diante dos mistérios da vida. Há também aqueles que ingressam em um culto, uma comunidade ou um grupo espiritual em busca de orientação e apoio. Em alguns casos extremos, há aqueles que se tornam dependentes da tutela de seu guru, até delegando a ele suas decisões. Em outras pessoas, a necessidade de "fuga" é ampliada, usando a espiritualidade como um remendo para cobrir sua dor e sofrimento. Nesse sentido, tornam-se também viciadas no pensamento positivo, evitando enfrentar seus problemas existenciais.

O ego espiritual também leva outras pessoas à "resignação", acomodando-se ainda mais em sua zona de conforto. Elas negam qualquer noção de responsabilidade porque estão convencidas de que o universo lhes fornecerá tudo de que precisam sem ter que fazer nada a respeito. No fim, elas pensam que a qualquer momento podem ganhar na loteria sem ter que comprar um bilhete... Esses são alguns dos disfarces com os quais o ego se veste para sobreviver e se adaptar. Assim, ele continua nos perturbando, só que dessa vez por motivos espirituais.

Embora a autoajuda nos forneça muitas diretrizes e ferramentas úteis, ela só faz sentido como um passo preliminar para realizar um trabalho profundo de autoconhecimento. Não se trata de entender a teoria, mas de colocá-la em prática para nos reconectarmos com nossa dimensão espiritual. Devemos ter muita humildade para entrar nesta indústria cheia de claros-escuros, mas cedo ou tarde precisaremos de muita coragem para ousar deixá-la, seguindo nosso caminho de maneira livre e independente.

Tudo bem você acreditar que é mais
espiritual por ser vegetariano,
fazer ioga ou deixar de assistir à
televisão. Mas se sentir superior
ou julgar alguém por não fazê-lo é uma armadilha do ego.
Mooji

Terceira parte

Uma espiritualidade sem religião

UMA RELIGIÃO SEM ESPIRITUALIDADE	O DESPERTAR DA CONSCIÊNCIA	UMA ESPIRITUALIDADE SEM RELIGIÃO
Velho paradigma	*Mudança de paradigma*	*Novo paradigma*
Eu ilusório (*ego*)		Verdadeira essência (*ser*)
Identificação com a mente (*maya*)		Consciência-testemunha (*atman*)
Sensação de separação e desconexão		Sensação de unidade e conexão
Condicionamento religioso		Experiências transformadoras
Teísmo (deus criou o universo)		Panteísmo (deus é o universo)
Deus está fora (deus-crença)		Deus está dentro (deus-experiência)
Instituições religiosas		Escolas de desenvolvimento espiritual
Com intermediários religiosos		Sem intermediários
Jesus Cristo como "filho de deus"		Jesus de Nazaré como "filósofo revolucionário"
Fiéis adormecidos e desempoderados		Viajantes despertos e empoderados
Rituais e sacrifícios		Autoconhecimento e desenvolvimento espiritual
Religião, ateísmo e niilismo	Crise espiritual	Espiritualidade laica
Crentes, agnósticos e ateus		Buscadores espirituais
Teologia		Misticismo
Reza e oração		Meditação e contemplação
Idealização de santos e mártires		Aprendizagem de sábios e filósofos
Dogmatismo e fanatismo		Respeito e tolerância
Psicologia convencional		Psicologia transpessoal
Universo caótico		Universo regido por leis
Acaso e coincidência		Sincronicidade e causalidade
Injustiça		Correspondência
Sem sentido e intranscendente		Sentido e transcendência
Medo de ir para o inferno		Inferno como metáfora psicológica
Desconfiança da vida		Confiança na vida
Vazio e sofrimento		Completude e felicidade
Tensão e controle		Fluidez e entrega

XI

Espiritualidade laica

No fim, tudo dá certo. Portanto, se não está dando certo, é porque ainda não chegou ao fim.

Provérbio hindu

UMA MULHER COSTURAVA BORDADOS COM *seu filho pequeno, que brincava no chão ao lado dela. De repente, o menino virou para a mãe e a olhou de maneira estranha. De sua perspectiva, o que ela estava costurando não parecia fazer muito sentido. Os fios se misturavam sem qualquer ordem. Era o desenho mais caótico que ele já tinha visto. E, então, ele disse: "Mãe, acho que você está fazendo errado". Ouvindo o filho, a mulher olhou para ele com ternura e sorriu. "Ainda não terminei. Espere e verá".*

Depois de um tempo, o menino olhou para o bordado outra vez e balançou a cabeça. "Mãe, tenho a sensação de que seu desenho não parece bom". E a mulher, com amor e paciência, respondeu: "Ainda não terminei. Espere e verá". Incrédulo, o menino continuou brincando com suas coisas. Enquanto isso, sua mãe continuou bordando.

Uma hora depois, a mulher exclamou: "Terminei!". Ao ouvi-la, o menino ergueu os olhos para a mãe, olhou para o bordado de onde estava, no chão, e encolheu os ombros, surpreso. "Mãe, não sei por que você está tão feliz. O desenho deu errado". A mulher sorriu novamente e disse: "Venha, levante-se e veja por si mesmo". E o menino obedeceu, sentando-se no colo da mãe para ver o bordado da posição dela. E, para seu espanto, viu que ela havia desenhado os planetas do sistema solar usando as cores do arco-íris. O menino não conseguia acreditar: aquele bordado tinha ficado perfeito.

Ainda atordoado, o menino perguntou: "Como pode ser isso, mãe? Não entendo. O desenho que eu vi antes não se parece com este". A mãe o beijou com muito amor e respondeu: "Meu filho, visto por baixo, o bordado sempre parece algo caótico e bagunçado. Mas, quando você olha de cima, percebe que, ao bordá-lo, foram seguidos um desenho e um plano perfeitamente organizados".[1]

40. A FILOSOFIA PERENE

Ao longo da história da humanidade, surgiram todos os tipos de ideologias, que foram deixadas de lado. Por mais bem-sucedidos e populares que possam ter sido em determinado momento, a maioria teve sua data de validade. No entanto, há uma ideia que não apenas sobreviveu ao teste do tempo, mas a cada século que passa tem mais força, poder e influência em nossa sociedade: a "filosofia perene".[2] Trata-se de um conjunto de princípios universais sobre a natureza da realidade e o propósito de nossa existência que é compartilhado por todos os místicos — e místicas — de diferentes povos, culturas e épocas.

A verdade eterna e imutável promovida pela filosofia perene resume-se no aforismo "conhece-te a ti mesmo e conhecerás o universo", inscrito há mais de 2.500 anos no templo de Apolo, em Delfos, lugar de culto da Grécia antiga. Naquela época, a humanidade experimentou um período de incrível despertar espiritual. Sincronicamente, alguns dos filósofos e sábios mais influentes que já existiram surgiram naquela época, como Lao Tsé e Confúcio, na China; Mahavira e Siddhartha Gautama, o "Buda", na Índia, assim como Pitágoras e Sócrates, na Grécia. Um pouco mais tarde, Lúcio Aneu Sêneca e Jesus de Nazaré, no Império Romano.

Todos eles tinham uma coisa em comum: ousavam questionar as crenças religiosas tradicionais de sua época, encorajando seus seguidores a libertarem suas mentes de formas de pensamento estabelecidas. Além disso, seus diferentes ensinamentos apontavam na mesma direção: a transcendência do ego e a reconexão com o ser essencial. De alguma forma, todos eles pareciam responder às grandes questões de nossa existência, possibilitando que outros buscadores saíssem de seu estado adormecido para vivenciar sua dimensão espiritual diretamente e sem intermediários.

De fato, todos esses referentes tentaram emancipar o indivíduo das instituições religiosas dominantes de seu tempo, denunciando que a união com o divino não se dá pelos ritos sacrificais conduzidos pelos sacerdotes, mas pelo encontro íntimo com o mais profundo de nós mesmos... Para todos eles, a espiritualidade é radicalmente democrática. Está disponível para qualquer um que olhe para dentro e conheça seu mundo interior. É evidente que todos eles foram ridicularizados, vilipendiados, perseguidos e condenados pelo poder político e religioso estabelecido. E alguns, como Sócrates, Lúcio Aneu Sêneca e Jesus de Nazaré, foram assassinados.

Ensinamentos distorcidos

A sociedade em que tiveram de viver não estava preparada para receber, aceitar e colocar em prática suas mensagens de desenvolvimento espiritual. Todos eles eram místicos e livres-pensadores pioneiros e disruptivos demais para o seu tempo. Não à toa, eles estavam entre os primeiros seres humanos despertos e conscientes que existiram. Por isso, inevitavelmente, seus ensinamentos espirituais foram quase sempre mal compreendidos e mal interpretados por seus contemporâneos, bem como pelas gerações que os sucederam.

Ao longo dos anos, alguns de seus seguidores fundaram instituições religiosas em seus nomes, que pouco ou nada tinham a ver com a mensagem original que defendiam. Embora todos esses sábios indicassem a saída da loucura coletiva, suas diretrizes foram lenta e progressivamente distorcidas e deturpadas, tornando-se parte da neurose da humanidade.

O declínio e o colapso da civilização ocidental fizeram com que, nas últimas décadas, a filosofia perene tenha experimentado um ressurgimento espetacular. Mais e mais portadores da tocha que tenta iluminar a sombra da humanidade estão aparecendo. Alguns dos recentes mais destacados são Sri Ramana Maharshi, Jiddu Krishnamurti, Anthony de Mello, Gerardo Schmedling ou Eckhart Tolle. Em um momento ou outro, todos também foram duramente criticados por seus pares, embora haja cada vez menos resistência e mais aceitação para iniciar a jornada do autoconhecimento.

Graças à democratização da sabedoria, a mensagem universal desses místicos revolucionários está alcançando cada vez mais buscadores desencantados com a religião, tanto quanto com o ateísmo e o niilismo. Ironicamente, esses ensinamentos atemporais e antigos estão se tornando moda através de conceitos como "nova era", "nova consciência" ou "novo paradigma". Seja como for, estão começando a separar — finalmente — o joio do trigo, ou seja, a experiência espiritual das crenças religiosas.

Deus não tem religião.
MAHATMA GANDHI

41. Religião *versus* espiritualidade

Vivemos um acontecimento histórico imparável e irreversível: as pessoas acreditam cada vez menos nas instituições religiosas e estão cada vez mais em contato com sua dimensão espiritual. De fato, tudo indica que nas próximas décadas a "espiritualidade laica" — independentemente de qualquer denominação religiosa — crescerá exponencialmente, já que é inerente à nossa verdadeira natureza.

Em geral, acredita-se que religião e espiritualidade são a mesma coisa, então é essencial explicar a diferença abismal entre as duas. Como já vimos, "religião" vem do latim *religare*, que significa "reunir o humano com o divino". É evidente que hoje esse não é — e está longe de ser — o objetivo das instituições religiosas, que continuam lutando, em maior ou menor grau, para conquistar o monopólio do mercado de almas neste mundo.

Por sua vez, "espiritualidade" também vem do latim e significa "qualidade relacionada à alma". É a parte intangível, invisível e imaterial da nossa condição humana. Aquela que dá propósito, significado e transcendência à nossa existência. Se morrêssemos de repente e os médicos nos abrissem para fazer uma autópsia, encontrariam sangue, ossos, carne e vísceras. No entanto, eles não veriam nenhum rastro do que deu sentido às nossas vidas: felicidade, paz, amor... Tudo isso é herança do ser essencial, que é sinônimo de "espírito", "alma", "consciência" ou "divindade".

A espiritualidade, portanto, é a dimensão interior que nos conecta diretamente com a vida, o universo, deus ou como quisermos chamar. É o ar que nos preenche e nos dá vitalidade; aquilo que nada nem ninguém pode nos dar nem tirar de nós. E funciona como um trampolim que nos leva além de nós mesmos, desidentificando-nos do ego — ou *eu* ilusório — que pensávamos definir nossa identidade. Ao nos fundirmos com ela, nos sentimos unidos e conectados a tudo ao nosso redor. E somos inundados por um sentimento de alegria incomensurável.

A religião se baseia na teologia: o estudo racional de deus. A espiritualidade, por outro lado, está relacionada ao autoconhecimento e ao misticismo, que transformam o modo como nos enxergamos e nos relacionamos com a vida. Enquanto a religião se articula por meio de profetas, instituições, rituais, liturgias e crenças religiosas, a espiritualidade é laica, ou seja, livre de qualquer corrente ou espartilho religioso. É que a espiritualidade não é herança do judaísmo, do cristianismo ou do islamismo, nem de filosofias orientais, como hinduísmo, budismo, taoismo ou qualquer outro "-ismo". A espiritualidade é nossa natureza essencial.

A religião vem de fora para dentro. Geralmente é uma imposição. Tanto é que costumamos seguir aquela fé religiosa com a qual fomos condicionados pelo nosso ambiente social e familiar desde pequenos. De alguma forma, ela nos escraviza a um modo de pensar que não é nosso. Por isso, a cosmovisão predominante no Ocidente é o cristianismo-catolicismo. Ao contrário, a espiritualidade vem de dentro para fora. É o resultado do cultivo da nossa vida interior e da reconexão com o nosso ser essencial. Não apenas nos liberta de nosso aprisionamento psicológico e religioso — o aquário conceitual —, mas nos faz sentir como seres absolutamente ilimitados.

Outra diferença é que a religião é um conjunto de crenças, superstições, ritos, tradições, doutrinas, sacrifícios, oferendas, mandamentos e cerimônias baseadas na experiência de outros. Ela nos obriga a ter fé em algo que não sabemos ao certo se é verdadeiro ou falso, vivendo uma eterna dúvida: deus realmente existe? Pelo contrário, a espiritualidade não tem nada a ver com qualquer crença. É uma questão plenamente empírica; podemos comprová-la através de nossa experiência pessoal. Não é que acreditemos ou não em deus. Sabemos que ele existe porque o experimentamos em nossos corações.

Não precisamos de intermediários

Por ter sido institucionalizada, a religião dá muita importância a si mesma, instalando-se entre deus e os seres humanos. Ele atua como um intermediário entre nós e o deus-crença. Fundamentalmente, isso nos enfraquece, uma vez que o poder está nas mãos dos intermediários: os papas, os bispos, os cardeais, os rabinos, os sacerdotes, os imãs, os padres... Como consequência, essa hierarquia fomenta os crentes adormecidos. Em vez disso, a espiritualidade nos fortalece por nos libertar de qualquer intermediário se coloque entre nós e a experiência divina. Ela nos leva a despertar e viver de forma consciente. Essa é a verdadeira redenção e salvação.

A religião promove a moralidade. Faz-nos acreditar que existe um céu e um inferno na vida após a morte. Enche-nos de medo, vergonha e culpa. Já a espiritualidade nos inspira a viver com ética, aprendendo a dar o nosso melhor em cada momento e a cada pessoa. E não para obter uma recompensa após a nossa morte, mas porque nos sentimos bem ao fazer isso. Agindo dessa forma entendemos que, na verdade, "céu" e "inferno" são metáforas psicológicas relacionadas à felicidade e ao sofrimento que vivenciamos aqui mesmo.

Assim como todos os grandes impérios que acabaram desaparecendo — como Egito, Mesopotâmia, Grécia ou Roma —, as instituições religiosas também desaparecerão. Basta que a humanidade se conscientize de que não precisa de religião para levar uma vida espiritualizada e que entenda que se estabelecer no ateísmo e no niilismo é ir para o outro extremo. Seja como for, a espiritualidade laica sempre perdurará, pois representa a própria essência da filosofia perene.

E, então, pode haver espiritualidade na religião? Claro. Milhões de pessoas estão conectadas à sua dimensão espiritual, que praticam por meio de sua religião. Para isso, no entanto, é indispensável que haja misticismo além do ritualismo e da tradição. Esse é o caso da "cabala", a interpretação mística do judaísmo; o "místico cristão", liderado pelo Mestre Eckhart, excomungado no século XIV pela Igreja católica; o "sufismo", ramo místico do Islã; ou o "zen", a escola mística do budismo, o qual, mais do que uma religião, é a institucionalização de uma filosofia de vida. Assim, para viver uma experiência mística, é requisito essencial que nos reconectemos com nossa dimensão espiritual.

Quanto mais estivermos em contato com nossa espiritualidade, menos nos identificamos com nossa confissão religiosa em particular. Como consequência, nos tornamos mais abertos e tolerantes a qualquer outro tipo de cosmovisão. Na verdade, o fanatismo e o dogmatismo são um claro sintoma de que não vivemos nenhum tipo de experiência espiritual. Por isso, sentimos a necessidade de nos reafirmarmos, mostrando-nos intolerantes com formas de pensar diferentes das nossas.

Esta é a razão pela qual cada religião considera que seu caminho é o único que leva ao topo da montanha. No entanto, quando se chega ao cume, percebe-se que existem diferentes caminhos para alcançá-lo e que todos são igualmente válidos. É exatamente nisso que consiste a reconexão com a espiritualidade laica: redescobrir a religiosidade indo além de qualquer religião.

*A religião é para aqueles que têm medo
de ir para o inferno, enquanto
a espiritualidade é para quem já esteve no inferno.*
Provérbio sioux

42. O jogo das matrioscas

"Deus" é sem dúvida a palavra mais incompreendida do nosso vocabulário. É comum projetarmos todos os nossos delírios existenciais nele, especialmente porque o concebemos como *algo* estranho para nós. Isso se deve ao "teísmo": a crença religiosa em um deus criador do universo. Essa separação entre "deus" e "universo" é o germe que cria a dualidade ilusória em que vivemos e a razão pela qual geralmente nos sentimos desconectados e distantes da realidade. É por isso que sentimos um profundo vazio existencial.

Porém, quando nos reconectamos com a espiritualidade laica, acabamos chegando ao mesmo *lugar*: "panteísmo", que em grego significa "deus é tudo e tudo é deus". Por meio da experiência mística, comprovamos empiricamente que deus é o universo e descobrimos que a palavra "deus" também é sinônimo de "vida", "existência", "realidade" ou "natureza".

Para experimentar deus, basta olhar para dentro, porque também somos deus. A única coisa que nos separa de experimentá-lo é a mente, o ego e o *eu* fictício com o qual nos identificamos quando vivemos na ignorância de não saber quem somos e na inconsciência de não querer sabê-lo. Mesmo que seja fugaz, quando nos reconectamos com a centelha da divindade que se aninha em nós, nos reconhecemos novamente um com deus, sentindo uma agradável sensação de unidade, conexão e plenitude.

Para expressá-lo poeticamente, deus é tudo e nada. O que se vê e o que não se vê. Matéria e energia. A semente e o fruto. A forma e o vazio. O interior e o exterior. O manifesto e o não manifesto... Assim, palavras como "totalidade", "absoluto" ou "fonte" também são usadas para descrever esse *algo* indescritível e incognoscível que está além da linguagem e que, portanto, não pode ser compreendido pela mente nem pelo intelecto.

Nesse sentido, é impossível buscar deus, porque o buscador e o procurado são o mesmo. Quando *aquele* que deseja conhecer deus desaparece, ele se torna deus. Ironicamente, conhecer deus é a coisa mais natural da vida. O surpreendente não é que possamos conhecê-lo, mas que ainda não fomos capazes de fazer isso. Assim como os peixes no oceano, todos nós estamos cercados por deus, mas não conseguimos enxergá-lo porque vivemos em um aquário conceitual a partir do qual desenvolvemos uma ideia muito errada sobre ele.

A NÃO DUALIDADE

De todas as explicações religiosas que foram dadas na tentativa de elucidar o mistério de nossa existência, a que melhor postula a visão de mundo panteísta é o hinduísmo, cuja vertente mística é *advaita*.[3] Em sânscrito, esta palavra significa "não dualidade", no sentido de que não estamos separados do universo porque, em um nível espiritual, somos todos um. Segundo o hinduísmo, "deus" é definido como *brahman*: a essência cósmica neutra e impessoal da qual tudo deriva e que tudo contém, inclusive nós mesmos.

Segundo essa antiga tradição, o *atman está* em cada um de nós e constitui o ser essencial que está intrinsecamente ligado a este grande espírito universal. Desse modo, o propósito final de nossa existência é viver a experiência de que o *atman* e *brahman* são a mesma coisa. Em outras palavras: somos o universo em que nos encontramos, a realidade que observamos, a vida que vivemos e as pessoas com quem interagimos.

A verificação dessas afirmações envolve estar ciente da armadilha conceitual que implica o uso da palavra *eu*. É, sem dúvida, a origem do pecado original e a causa última de todos os conflitos, divisões, confrontos e sofrimentos que a humanidade sofre atualmente. Como seria o mundo se não levássemos tão a sério os pronomes pessoais: *eu, você, ela, nós, vocês* e *eles*? Como nos relacionaríamos uns com os outros, com outras espécies e com a natureza se parássemos de acreditar em pronomes possessivos, como *meu, teu, nosso, dele* ou *seu*?

É evidente a função e a utilidade desses conceitos na estruturação e organização da sociedade. Sem eles, nossa existência seria ainda mais caótica. O desafio é continuar fazendo uso delas em um nível superficial, sem que elas nos limitem tanto em um nível mais profundo. Só assim poderemos ir abrindo frestas nas paredes de concreto construídas pelo ego e liberando lentamente a consciência que vive em cada um de nós. Sobretudo porque, conforme esse processo evolutivo vá se desenrolando, finalmente poderemos cocriar uma experiência de vida coletiva muito mais pacífica e harmoniosa, menos baseada na divisão e mais na unidade...

Por mais que as religiões tentem nos convencer disso, não há criador separado da criação. Afinal, eles são exatamente a mesma coisa. Todas as formas físicas que existem no universo são manifestações que derivam de uma única substância indivisível: a própria vida. A unidade é o princípio essencial que governa a ordem cósmica da qual todos fazemos parte. Se a percebemos como algo separado, é apenas por causa da dualidade inerente à nossa mente, a partir da qual fragmentamos conceitualmente a realidade.

"Lila", o jogo de deus

Da mesma forma que os personagens criados por um escritor vêm de sua imaginação, cada um de nós é uma manifestação de deus; somos uma das infinitas formas físicas pelas quais se expressa sua criatividade prolífica. É a isso que se refere o conceito hindu *lila*, cuja tradução seria "jogo", "passa-tempo" ou "diversão". Em essência, significa que tudo o que acontece no universo é o imenso jogo de deus. E que o que chamamos de "mundo" ou "realidade" não é real, mas ilusório: um produto de nossa mente.

Tomemos como exemplo um grupo de crianças que brincam de ser "policiais" e "ladrões", vivendo todo o tipo de aventuras, incluindo "ferir-se" com "armas". É isso mesmo que está acontecendo? Onde essas experiências realmente ocorrem? Na realidade ou na mente das crianças? Tão logo a brincadeira termine, verifica-se que não há sinal de policiais ou ladrões e que ninguém ficou ferido... Algo semelhante acontece com a nossa experiência de vida. Nós nos identificamos demais com o personagem que interpretamos, acreditando demais na história que estamos contando.

    Entender que a vida é *lila* nos faz relaxar, não levar tudo tão a sério e aproveitar o jogo. Não é por acaso que deus é uma grande e única consciência que se experimenta de infinitas maneiras. Ele se torna o produtor, o diretor, o roteirista, o ator principal, os atores coadjuvantes e o cenário do filme que chamamos de "vida". E sua criatividade e curiosidade são tamanhas que ele quer ver tudo, absolutamente tudo: nascimento e morte, comédia e tragédia, heróis e vilões... Tudo isso existe e, ao mesmo tempo, é irreal.

    Por meio da lei de causa e efeito — mais conhecida como "causalidade" —, os personagens e a trama se desenvolvem como devem se desenvolver a cada momento. A única coisa que pode acontecer enquanto todo esse espetáculo cósmico está se desenrolando é acordarmos do sonho em que nos encontramos, percebendo a verdadeira realidade: não somos o personagem que estamos interpretando e, por trás do papel escolhido para nós e da roupa que vestimos, somos todos parte da mesma essência divina — deus.

    Reconectarmo-nos com nossa divindade envolve a desidentificação do ego e a descoberta de nossa identidade autêntica: o ser essencial ou *atman*. Só então surge a consciência testemunhal a partir da qual se produz uma observação neutra e impessoal desse desdobramento existencial. Por meio dessa experiência — na qual o experimentador desaparece —, nos fundimos de novo com *brahman*. É assim que comprovamos o que significa ser parte de deus.

    Ao conceber a nossa existência dessa forma, reconciliam-se duas correntes aparentemente antagônicas: o "niilismo" e a "espiritualidade". Nesse sentido, o "niilismo espiritual" parte da premissa de que nada faz sentido e ao mesmo tempo tudo faz, a depender do nível de consciência e do plano de interpretação a partir do qual percebemos a realidade. É então que sorrimos com cumplicidade para o universo, dando uma piscadela para as circunstâncias que ocorrem a cada momento.

Dito isso, o que de fato sabemos sobre deus e o universo? Assim como as *matrioscas* — uma boneca oca dentro de uma boneca oca, dentro de outra boneca oca... — nossa existência é um *hólon*,[4] isto é, faz parte de um sistema ou fenômeno maior. Nesse sentido, o ser humano nada mais é do que uma minúscula célula do planeta Terra, que por sua vez é uma célula do sistema solar, que é uma célula da Via Láctea — a galáxia em que estamos localizados —, que também é uma célula de outro organismo cósmico maior. E assim por diante, sabe-se lá até onde... Por acaso, a totalidade da qual falamos em si não é parte de uma totalidade ainda maior, impossível de perceber a partir de nossa percepção limitada como meras células menores?

> *A distância entre deus e você é*
> *tão curta que não cabe um caminho.*
> Wei Wu Wei

43. Boas-vindas ao clube dos naturebas

O fato de estar lendo este livro mostra que você é um buscador com a mente aberta o suficiente para questionar a cosmovisão com a qual foi condicionado, e isso deve ser comemorado nestes tempos. Não à toa viemos de um velho paradigma em que o método científico se concentrou apenas no estudo e conhecimento de objetos externos. Prova disso é que, no Ocidente, triunfaram o academicismo, a erudição, o cinismo e o niilismo.

Como consequência de olharmos apenas para fora, nos tornamos hiperdesenvolvidos externamente e subdesenvolvidos internamente. Embora nos sintamos confortáveis em fazer e ter, não temos ideia de como apenas ser e estar. A verdade incômoda é que estamos sendo vítimas de uma epidemia de neuroses, vazio existencial, estresse, ansiedade e depressão. E, como não poderia ser de outra forma, mais e mais pessoas estão procurando relaxamento e paz interior.

Assim, à medida que nossa consciência desperta, lenta e progressivamente, estamos entrando em um novo paradigma, abraçando uma visão mais oriental da vida. Nesse caso, a pesquisa se concentra em olhar para dentro, conhecer o sujeito que outrora se interessou por analisar e estudar objetos. Conforme começamos a investigar o investigador, inevitavelmente acabamos comprometidos com o próprio autoconhecimento e, no devido tempo, reconectando-nos com a espiritualidade.

Estamos testemunhando a orientalização da sociedade ocidental. Gostemos ou não, a filosofia oriental — liderada pelo budismo, ioga, taoismo, zen ou *advaita* — veio para ficar. Na verdade, não para de crescer e se expandir em todos os lugares. Já existem centros de meditação em todos os grandes centros urbanos, e os ensinamentos de Siddhartha Gautama, o "Buda", são conhecidos e seguidos por mais e mais buscadores.

A psicologia transpessoal

No campo da psicologia, emerge com força a "psicologia transpessoal",[5] isto é, uma psicologia que vai além da "pessoa", que em grego significa "máscara". Esta nova abordagem psicoterapêutica atua como uma ponte entre o Ocidente e o Oriente, realizando uma síntese entre ciência e espiritualidade. Seu único objetivo é acompanhar indivíduos genuinamente motivados a se desidentificarem do ego e se reconectarem com o ser essencial. Seu escopo de ação é a consciência e o despertar.

Uma vez que iniciamos nossa jornada de autoconhecimento, é importante tomarmos cuidado para não irmos para o outro extremo: o ego espiritual. Mais do que tudo, porque nosso ambiente social e familiar nos rotulará como "naturebas" e fará isso com razão. O cerne da questão é saber se equilibrar na área cinza para evitar cair nos extremos preto e branco. Dito isso, o que significa ser um "natureba"? São aqueles buscadores que, ao entrarem no caminho espiritual, exageram. Do nada, eles começam a falar sobre viagens astrais, tarô, registros akáshicos, taças tibetanas ou astrologia na frente de pessoas que não estão interessadas ou não perguntaram nada. Seu egocentrismo espiritual faz com que se tornem imediatamente o centro das atenções e o ridículo do resto dos interlocutores.

Como estamos imersos em um choque de paradigmas sem precedentes na história humana, eles não favorecem o despertar da consciência. Essencialmente porque pseudocéticos e cientistas colocam no mesmo saco tudo o que exala um aroma de incenso, incluindo o autoconhecimento e o desenvolvimento espiritual. A menos que tenhamos conscientemente alguma experiência mística, é impossível entender as experiências íntimas e subjetivas dos outros.

Vale *versus* montanha

Pensemos bem: como poderemos compreender o que não vivemos? Por analogia, podemos dizer que a maioria dos seres humanos continua vivendo em um vale escuro e cheio de trevas, levando uma existência marcada por luta, conflito e sofrimento. E todos eles estão acostumados a empregar o modo de pensar e falar do vale. Não surpreendentemente, é a única realidade que eles conhecem.

Agora imaginemos que, um belo dia, alguém vem do alto da montanha — onde as pessoas do vale nunca estiveram — e compartilha com eles como é o brilho do sol lá em cima e as belas cores vistas em todo o céu ao longo do dia. Ele também fala sobre as flores lindas que crescem nas altas colinas e conta como a vida é maravilhosa para quem vive naquele cume.

Acha que o povo do vale vai entender alguma coisa? Não. Nem uma única palavra. Na verdade, eles vão interpretar mal tudo o que lhes for dito, processando-o a partir de sua antiga cosmovisão. E não apenas isso, eles também ficarão na defensiva. Nesse sentido, devemos entender que rejeitar e condenar informações novas e desconhecidas é um mecanismo de defesa normal, que é acionado automaticamente para que não tenhamos de questionar nosso sistema de crenças. Por isso, é essencial que evitemos compartilhar esse tipo de mensagem com pessoas que ainda não chegaram ao fundo do poço e que, portanto, não estão interessadas na jornada espiritual.

Por tudo isso, abracemos nossa espiritualidade. Claro que sim! Abramo-nos à descoberta de uma nova forma de conceber o universo e de estar na vida. Mas vamos fazer isso sem ninguém saber. Sejamos felizes, mas sem dar muito na vista. Vamos disfarçar e tentar não ser muito "natureba" na frente de pessoas que talvez não estejam muito por dentro do assunto, ou seja, que não se abriram para viver o mistério e a magia da existência com curiosidade e espanto.

Embora ficar um pouco esquisito faça parte do processo de transformação, nunca vamos esquecer a pessoa que éramos antes de despertar. Só assim poderemos nos relacionar de forma empática e assertiva com aqueles que ainda estão adormecidos. A espiritualidade não é pregada, mas praticada. Ninguém precisa saber. Qualquer forma de exibicionismo espiritual nada tem a ver com o *eu* essencial, mas sim com um novo disfarce do ego. Os verdadeiros sábios passam despercebidos.

Podemos dar a água, mas não a sede.
GERARDO SCHMEDLING

XII

Tudo é perfeito

> O que acontece convém.
> Provérbio budista

UM GRUPO DE CINCO CRIANÇAS *encontrou uma cesta com 26 avelãs. Elas na mesma hora concordaram em distribuí-las de forma igualitária. No entanto, as contas não bateram. Não seria possível que todos ficassem com a mesma quantidade. Assim, pediram ajuda ao sábio da aldeia para conseguir uma distribuição justa.*

O velho concordou de bom grado. "Como preferem que eu faça: segundo a justiça de deus ou segundo a justiça dos homens?", perguntou-lhes. E as crianças responderam em uníssono: "Segundo a justiça de deus". Em seguida, o sábio deu quatorze avelãs a uma das crianças, seis à outra, cinco à terceira, uma à quarta e nenhuma à quinta.

Estupefatas, as crianças começaram a reclamar. "Isso é injusto. Como é possível que você tenha dado a um mais da metade e ao outro nada? Nós lhe dissemos para fazê-lo segundo a justiça de Deus". O sábio olhou para eles com ternura e respondeu: "Se você tivesse solicitado a fazê-lo de acordo com a justiça humana, eu teria dado porções iguais a cada um de vocês. Mas você me pediu para fazê-lo de acordo com a justiça de deus. E foi exatamente isso que eu fiz".[1]

44. O universo é regido por leis

Por trás de qualquer fenômeno que existe, há uma lei ou princípio que o rege. Se dermos uma olhada no sistema solar, veremos que cada planeta gira em torno do Sol em uma velocidade diferente, mas sempre constante. Por isso, a Terra leva exatamente 365 dias para completar uma volta. Em vez disso, Marte leva um ano e 322 dias para fazer a mesma jornada. Já Urano, 84 anos e 4 dias. Todos eles se movem com a precisão de um relógio suíço.

A mesma coisa acontece com a natureza. Cada organismo cumpre uma função. Eles fazem parte de ciclos naturais orquestrados por leis universais. Por exemplo, a água começa a ferver quando atinge cem graus e começa a congelar quando cai abaixo de zero grau. Por outro lado, se olharmos para o reino animal, veremos que cada mamífero tem um processo de gestação diferente, que segue uma ordem matemática. Assim, a gravidez de um gambá dura cerca de doze dias. A de uma mulher, cerca de 270 dias; a de um elefante, cerca de 660 dias!

O corpo humano também é governado por leis: o sistema respiratório, o sistema digestivo, o processo respiratório...

Tudo o que observamos está sujeito a algum princípio, norma ou código que o rege. O trânsito tem suas próprias regras, o futebol também. Cada país tem sua própria Constituição. Mesmo em nossas relações humanas — seja em nível pessoal ou profissional — prevalecem certos códigos de conduta, muitos deles não escritos.

Por mais esquisito que possa parecer à primeira vista, o "universo" é governado por leis imutáveis. Não é por acaso que esta palavra vem do grego *kósmos*, que significa "ordem". Tudo o que existe funciona perfeitamente. Mas, então, como pode haver pobreza, fome ou guerra? Como pode estar certo o fato de vivermos em um mundo onde milhares de barbaridades ocorrem todos os dias? Abusos. Assaltos. Golpes. Roubos. Assassinatos...

Por estar tão identificada com o ego, a humanidade se tornou o câncer do planeta. Estamos asfaltando a terra, poluindo o ar, envenenando os oceanos, derrubando as florestas, massacrando o resto da espécie — enfim, destruindo a natureza... Como é possível que todas essas coisas aconteçam? Bem, porque existe "a lei da evolução",[2] que nos permite violar certas leis para que nos tornemos conscientes delas pelos resultados superinsatisfatórios que geramos ao desobedecê-las.

Não por acaso a vida é uma escola de aprendizagem cujo propósito é a evolução. E a única maneira de conseguir isso é cometendo erros e aprendendo com eles. Mais cedo ou mais tarde, chega um momento em que nossa desobediência existencial nos leva inevitavelmente à saturação e até ao desmoronamento. Só assim nos comprometemos a iniciar um verdadeiro processo de mudança e transformação, crescendo na compreensão para fluir harmoniosamente com a ordem universal.

Os efeitos de desobedecer a uma lei

O fato de ignorarmos essas regras não nos isenta de colher certos resultados quando desobedecemos a elas. Tomemos nosso corpo humano como exemplo. O que acontece quando tomamos sol sem proteção solar por horas? Queimamos nossa pele e podemos ter uma insolação. O que acontece quando nos empanturramos de comida industrializada, guloseimas e bebidas açucaradas? Nosso estômago dói e temos diarreia. O que acontece quando passamos o dia todo assistindo à televisão, trabalhando no computador ou olhando para o celular? Nossa cabeça dói e nos sentimos cansados, entediados e sem energia.

    O mesmo vale para as leis de trânsito. O que acontece quando as ignoramos? Bem, recebemos algumas buzinas e reclamações de outros motoristas. E, no caso de um guarda da cidade nos pegar em flagrante, recebemos uma multa. Na verdade, podemos acabar na cadeia. Também podemos sofrer um acidente que nos leve ao hospital ou mesmo ao cemitério. Não importa o que pensemos a respeito dessas leis. Ao violá-las, é questão de tempo até que acabemos obtendo um resultado. E podemos dizer ao guarda que é "injusto" que ele nos penalize por termos estacionado o carro em uma entrada de garagem? Não importa quantas desculpas e justificativas lhe dermos, ele nos dirá que desobedecemos às normas gerais de circulação e aplicará a sanção correspondente.

Uma das leis universais mais famosas é a "lei da gravidade", que nada tem a ver com Isaac Newton; ela existia antes que esse físico a descobrisse. O mesmo acontece com o resto dos princípios que regem o universo. Eles estão lá, esperando que os descubramos mediante os resultados que estamos colhendo nas diferentes áreas e dimensões de nossa existência.

Não importa se acreditamos ou não nessa ordem perfeita. O importante é que a comprovemos por meio de nossa experiência pessoal. Nesse sentido, todos seguimos a mesma sequência de aprendizagem, que é regida por quatro fases. A primeira é chamada de "inconsciência da lei". Pode ser que não tenhamos ideia de que existe porque ninguém nunca nos falou sobre isso. Por isso a ignoramos completamente ou, apesar de sabermos, decidimos ignorá-la, olhando para o outro lado.

Seja por um motivo ou outro, a segunda fase está relacionada à "transgressão da lei". Acontece no momento em que o ego nos leva a desobedecer. É o que chamamos de "errar" — algo necessário e inevitável em todo o nosso processo evolutivo. Claro que, como consequência, colhemos um resultado na forma de bloqueio, limitação, conflito, violência, perturbação, sofrimento, dor, insatisfação ou doença.

Obedecendo às leis

Uma vez que atingimos um ponto de saturação do desconforto causado pelo descumprimento da referida lei, começamos a perceber sua existência. Só então passamos para a terceira fase: a "consciência da lei". De repente, percebemos o princípio universal que rege o funcionamento de determinada área. É isto o que o desenvolvimento espiritual nos traz: crescer em sabedoria em relação aos princípios universais. Desse modo, entendemos que tudo é perfeito como é porque está em seu processo de perfeição. A única imperfeição está em nossa maneira errada de olhar e interpretar o que está acontecendo.

Finalmente, entramos na quarta e última fase: a "obediência à lei". Como não queremos ou precisamos sofrer mais em relação a essa norma existencial, passamos a obedecer a ela de forma consciente e voluntária. Ao respeitá-la, conseguimos colher resultados muito mais satisfatórios nessa área. Dessa forma, não apenas completamos um processo de aprendizado, mas também mudamos completamente nossa experiência de vida. É que agindo assim estamos enfraquecendo o ego, porque não há nada que o acalme mais do que obedecer às leis que regem o universo.

Uma analogia que costuma ser usada para entender nosso processo evolutivo é a de uma criança pequena que nunca viu o fogo. Por não saber o que é, ela não sabe o que acontece quando o toca. Só no instante em que seus dedos queimam é que ela descobre que o fogo queima. Graças a essa experiência, ela nunca mais vai colocar a mão sobre uma fogueira. Essa é a função da dor: nos avisar que violamos algum limite. Neste caso, em relação à sensibilidade da pele.

Exatamente a mesma coisa acontece com o sofrimento. Sua função é nos transmitir que estamos errando na nossa forma de ver, interpretar e nos relacionarmos com a realidade. Assim, toda vez que nos sentimos infelizes, temos um claro indicador de que desobedecemos a alguma lei universal, ou que não estamos aceitando e fluindo com essa ordem perfeita. E não é que essa regra esteja nos punindo. Como uma lei poderia nos punir? Somos nós mesmos que estamos nos punindo ao ir contra ela.

Da mesma forma, se decidirmos obedecer, ela não nos dará nenhuma recompensa. Como uma lei poderia nos recompensar? Ela não tem esse tipo de poder. Somos nós que nos beneficiamos quando fluímos com ela. Embora a desobediência desses princípios universais nos leve ao sofrimento do inferno, a obediência nos leva à felicidade celestial. Quantas doses mais de veneno precisamos tomar para descobrir isso?

> *Do mesmo modo que começamos a respeitar as leis de trânsito quando nos cansamos de pagar multas, quando chegamos a uma saturação de sofrimento, começamos a obedecer às leis que regem o universo.*
> GERARDO SCHMEDLING

45. A INJUSTIÇA NÃO EXISTE

A ignorância das leis universais nos levou a compartilhar uma crença profundamente enraizada em nossa sociedade: que "o mundo é um lugar injusto". Na verdade, usamos a palavra "injustiça" para indicar tudo o que — do nosso ponto de vista egocêntrico e subjetivo — consideramos que não deveria acontecer. No entanto, apesar do que pensamos, a injustiça não existe. Nem a justiça — seja a humana ou a divina. Tanto uma quanto a outra são conceitos inventados que nada têm a ver com o funcionamento real do universo.

O que existe é "a lei da correspondência",[3] segundo a qual correspondemos àquelas situações e pessoas de que necessitamos para nos desenvolvermos espiritualmente. A cada momento, a vida nos proporciona a experiência mais útil para a evolução de nossa consciência. Embora o ego não entenda — nem queira entender —, tudo acontece por alguma coisa e para alguma coisa. Tudo o que acontece faz parte de um propósito pedagógico perfeito e necessário para quem o vivencia. É isso o que significa a expressão "deus não joga dados".[4]

De acordo com essa lei, a vida não costuma nos dar o que o ego quer, mas o que o ser essencial precisa para se manifestar. Assim, a maioria dos nossos desejos e expectativas egoicas nunca são cumpridos, mas a vida nos dá o tempo todo aquilo de que precisamos para aprender e evoluir. O problema é que o ego sempre quer o que não tem e nunca valoriza e aproveita o que está ao seu alcance. Por mais que nos vitimizemos, reclamemos e soframos, é impossível conseguir aquilo de que não precisamos. Da mesma forma, também não é possível perdermos o que precisamos manter. Tudo depende se o que nos corresponde é mantê-lo ou perdê-lo para continuar evoluindo.

Então, como podemos saber se nos corresponde a materialização de algum de nossos desejos? Em outras palavras, como podemos saber se algo que desejamos é necessário para nossa evolução espiritual? Em geral, se isso nos corresponde, costuma fluir. Caso contrário, todos os tipos de obstáculos, bloqueios e impedimentos aparecem de imediato. É claro que a perseverança pode nos ajudar a alcançar certos objetivos e conquistas, mas é importante não ser teimoso. Quando chegar a hora, é prudente saber renunciar ao que verificamos repetidas vezes que não nos corresponde.

Destino e missão

Nosso maior desafio espiritual é usar o que nos acontece como uma oportunidade para questionar e confrontar a ignorância do ego. Mais do que tudo, porque esse *eu* ilusório não pode ser satisfeito. Ele nunca está satisfeito com o que tem no presente e nunca estará com o que conseguir no futuro. Ironicamente, ao reclamar do que não tem, você desvaloriza o que está disponível para você. E acaba ficando sem um nem o outro. É quando proclamamos aos quatro ventos que a vida é injusta.

Mas não é verdade: por mais difícil e horrível que uma circunstância possa parecer, a cada ser humano corresponde aquilo que está vivenciando. Nada acontece a ninguém que não lhes corresponda aprender. Qualquer situação adversa que enfrentamos sempre contém uma valiosa lição oculta. Desenvolvermo-nos espiritualmente passa por detectar e aproveitar essas situações para nossa transformação interior. Não por acaso, tudo o que nos acontece na vida é exatamente o que precisamos para despertarmos e nos reconectarmos com a centelha da divindade com a qual nascemos.

À medida que tiramos vantagem de nosso *karma* (destino), nosso *dharma* (propósito) nos é revelado. Se aproveitarmos os infortúnios e as dificuldades para crescer espiritualmente, mais cedo ou mais tarde descobriremos qual é a nossa verdadeira razão de ser. Logo, nossa existência adquire um sentido mais profundo e um significado mais transcendente. Um indicador claro de que despertamos é que, quando olhamos para o passado, nos sentimos gratos pelas lições que nossos momentos mais sombrios nos revelaram. Como consequência, olhamos para o futuro com confiança, sabendo que o que vier a partir de agora — seja o que for — será o que precisamos para seguir evoluindo.

Para gerar uma nova correspondência de vida, é essencial questionar nossas crenças, iluminar nossas sombras e curar nossos traumas. É disso de que trata a "teoria da sincronicidade"[5], segundo a qual não há coincidências, apenas a ilusão de que as coincidências existem. O que chamamos de "acaso" é na verdade "causalidade", ou seja, o resultado de uma série interminável de causas e efeitos que geram novas causas e efeitos que, por sua vez, criam mais causas e efeitos... E, assim, *ad infinitum*. Lembre-se de que em todos os momentos estamos cocriando nossa realidade com nossas crenças e nossos pensamentos. O que vemos no exterior é uma manifestação do que carregamos no interior. Se queremos que os frutos mudem, devemos primeiro mudar as sementes que plantamos em nossas mentes.

Indiferença, indignação e neutralidade

Podemos comparar o processo evolutivo em que todos estamos imersos com as diferentes etapas do sistema educacional atual: infantil, fundamental, médio e universitário. Estamos em um curso ou outro, dependendo do nosso estágio evolutivo e do nosso nível de consciência. A cada momento nos correspondem com as circunstâncias pedagógicas exatas que exigimos de acordo com nossas necessidades específicas de aprendizagem. Como alunos, temos de resolver individualmente diferentes problemas existenciais para passar nas nossas avaliações correspondentes.

Como o autoconhecimento e o desenvolvimento espiritual ainda não são ensinados nas escolas tecnicistas, a maioria de nós não aprendeu a lidar com sabedoria com o que nos acontece na vida. Por isso, não sabemos aproveitar os infortúnios e as tragédias para crescer e evoluir. Ao contrário, tendemos a sucumbir a eles nos vitimizando, sofrendo, nos deprimindo, nos medicando ou até mesmo cometendo suicídio.

Diante desse macrocontexto pedagógico, há três formas muito diferentes de interagir com essa ordem perfeita que rege o universo. Em primeiro lugar, estão os que se refugiam na "indiferença". São todas aquelas pessoas frias e insensíveis ao drama e sofrimento que certos alunos experimentam na escola da vida. Elas simplesmente não se importam. Tendem a ser cínicas e niilistas. E, ao passar na frente de um desses alunos em apuros, olham para o outro lado e continuam como se não tivessem nada a ver com isso.

Em segundo lugar, há aqueles que são vítimas da "indignação". São os que têm empatia e se preocupam excessivamente com os alunos que passam por dificuldades. Neste caso, eles se importam demais. Na verdade, o teste em que a vida os colocou parece injusto. Tanto que eles se tornam bem-humorados e superprotetores. Desse modo, eles intervêm nos processos de aprendizagem dos outros, impedindo que tais alunos passem sozinhos nos testes correspondentes. Apesar de suas boas intenções, agindo dessa forma não estão lhes fazendo nenhum favor, pois estão impedindo seu crescimento e sua evolução espiritual.

Por fim, há aqueles que agem a partir da "neutralidade". Esse grupo é formado por seres humanos conscientes e despertos que, partindo de suas próprias experiências, compreenderam como funciona o universo e respeitam os processos pedagógicos dos outros. Vendo outros alunos sofrerem, não ficam indiferentes nem indignados. Eles permanecem em uma posição neutra. Eles entendem que a cada aluno corresponde o teste que está diante deles. Isso não impede que você compartilhe com eles, caso peçam, certos conhecimentos que os ajudarão a resolver seus respectivos problemas. Em vez de dar o peixe, esse grupo ensina a pescar.

Pessoas que agem por neutralidade são confundidas com as indiferentes. No entanto, as motivações de uma e de outra são muito diferentes. Enquanto as primeiras estão cientes das leis que regem o universo, as últimas as ignoram completamente. Enquanto isso, quem vive da indignação quer mudar de escola porque os processos de aprendizagem parecem "injustos".

Por mais que o ego resista a compreender, a pobreza, a fome, a corrupção, a violência, a guerra, a destruição e o resto das circunstâncias que assolam a humanidade são efeitos da violação de certas leis que regem o universo. Além disso, neste momento, está nos correspondendo passar pela crise sistêmica global que resulta da pandemia de coronavírus. E tudo indica que o sistema vai entrar em colapso, o que também é um fato perfeito, neutro e necessário para o nosso processo de despertar. Vamos dar tempo ao tempo. Paciência revolucionária.

> *O acaso é o disfarce utilizado por*
> *deus para conservar o anonimato.*
> Tom Wolfe

46. A *ACEITOLOGIA*

Assumir que o universo é governado por leis é um ponto de virada na nossa maneira de olhar e nos relacionarmos com a realidade. É completamente normal ser cético no início, sobretudo porque isso vai de encontro a tudo o que temos ouvido. A única maneira de comprovar sua veracidade é por meio de nossa experiência. O importante é verificar que, efetivamente, isso nos dá resultados mais satisfatórios. É a isso que se refere o provérbio "toda árvore é conhecida pelos seus frutos".[6]

O desafio que o desenvolvimento espiritual nos propõe é estarmos muito atentos enquanto vivemos, para que possamos fluir com essa ordem perfeita. Esta é a proposta pedagógica da "aceitologia",[7] a ciência que nos liberta do sofrimento. É uma filosofia desenvolvida pelo sábio Gerardo Schmedling, cujo principal convite é para pararmos de brigar, de entrar em conflito e de tentar mudar a realidade. Ao mesmo tempo, nos inspira a treinar aquilo que é mais difícil para o ego: a aceitação. É assim que paramos de alimentar esse *eu* fictício até que ele *morra* de fome.

E então o que significa "aceitar"? Para começar, não tem nada a ver com ser indiferente ou preguiçoso, nem com concordar ou se resignar. Ao contrário, a aceitação envolve muito entendimento sobre por que e para que acontecem as coisas que acontecem no nosso dia a dia. Significa estar em paz com o que está acontecendo a cada momento, deixando a realidade ser como ela é, sem opor nenhum tipo de resistência. Por fim, consiste em alinhar-se com a vontade da vida, obedecendo e respeitando as leis que regem o universo. Nesse sentido, "o que não somos capazes de aceitar é a única causa de nosso sofrimento".[8]

De alguma forma, a aceitologia nos motiva a enfrentar o que o destino nos reserva, assim como quando vamos ao dentista. Embora possa nos causar alguma dor física, em nenhum momento sofremos emocionalmente com isso. Não brigamos com o dentista, apenas aceitamos o que ele faz com os nossos dentes porque entendemos que é necessário para a nossa higiene bucal. Aliás, no final da visita agradecemos o valor que agregou à nossa saúde. Viver conscientemente consiste em adotar a mesma atitude com as demais circunstâncias de nossa existência. Sobretudo porque todas elas são necessárias para o nosso processo de despertar, cura e evolução espiritual. Todas são valiosas porque sempre nos trazem algum benefício na forma de aprendizado.

Quando lutamos e entramos em conflito com uma situação, estamos desperdiçando-a. Em vez disso, quando a aceitamos, aproveitamos para crescer espiritualmente, que é o sentido da vida. É absurdo tentar acomodar a ordem do universo às nossas crenças e aos nossos conceitos mentais. A sabedoria consiste em fazer o contrário. O xis da questão é que não somos capazes de aceitar o que ainda não compreendemos — um *insight* que só integramos quando vivemos a experiência correspondente. É por isso que atraímos pessoas e situações de que precisamos para obter a sabedoria que nos falta em nosso processo evolutivo.

Na verdade, qualquer circunstância complicada que se repete várias vezes mostra que ainda precisamos dela para nossa transformação interior. No momento em que a aceitamos — parando de sofrer por ela —, ela desaparece instantaneamente. Como em qualquer outra experiência educacional, toda adversidade termina no exato momento em que entendemos o que ela veio nos ensinar. Assim, compreensão e aceitação sempre andam de mãos dadas, de modo que não pode haver um sem o outro, e a soma de ambos é o que põe fim à nossa perturbação.

Cada vez que colhemos algum resultado insatisfatório — medo, raiva, tristeza, angústia, ansiedade, ressentimento, culpa... — significa que não estamos aceitando a realidade. Por querermos que ela seja diferente de como é, sofremos. Essa perturbação é um sinal de que estamos errando na nossa forma de nos posicionar e interpretar o que está acontecendo e, portanto, um convite para questionar nossas crenças e nossa forma de pensar. Desse modo, a única razão pela qual não podemos aceitar determinado fato é porque não conhecemos a lei que o rege.

Indicadores de sabedoria

Por mais que o ego tenha nos habituado a isso, a dor, o sofrimento, o desconforto, a perturbação e a doença não são nossa verdadeira natureza. Ninguém em sã consciência quer experimentar voluntariamente esses tipos de sensações desconfortáveis e desagradáveis. Se sofremos com elas, é porque continuamos tiranizados por nossa ignorância e inconsciência. Conforme vamos treinando o músculo da aceitação, pouco a pouco vamos recuperando o contato com o ser essencial, que apresenta três características inerentes. Tais características também são consideradas "indicadores de sabedoria", ou seja, prova irrefutável de que despertamos e evoluímos espiritualmente.

A primeira é a "felicidade", que é a completa ausência de sofrimento. Não tem causa externa; torna-se uma consequência da reconexão com nossa dimensão espiritual. Quando paramos de nos perturbar, começamos a sentir que está tudo bem e que nada nos falta. Dessa forma, entendemos que ninguém tem o poder de nos fazer sofrer sem o nosso consentimento. Lembremos que a realidade não é um punhal. A única faca está em nossa mente: é nossa maneira de olhar para ela. Se a interpretarmos a partir do ego, sofremos. Se o fazemos a partir do ser, nos sentimos felizes. Tão simples e tão complexo.

A segunda característica de nossa natureza essencial é a "paz", que se apresenta pela absoluta ausência de reatividade. Não importa o que aconteça lá fora, permanecemos calmos e serenos por dentro. Não reagimos mais impulsiva e mecanicamente, mas adotamos a atitude e o comportamento mais convenientes em todos os momentos. É assim que paramos de levar tudo o que acontece para o lado pessoal. Só então compreendemos que não há nada que nos prejudique ou nos beneficie, já que o que nos prejudica ou nos beneficia é o que fazemos com isso.

A terceira qualidade de nossa essência divina é o "amor", que se caracteriza pela total ausência de luta. Abandonamos as armas parando de discutir e brigar com as circunstâncias. Não opomos nenhum tipo de resistência. Em vez disso, nos rendemos ao que acontece, seja o que for. Embora às vezes doa, recebemos tudo o que a vida nos oferece de braços abertos. Agindo dessa forma, podemos genuinamente dar o melhor de nós mesmos, sendo gentis com todos aqueles com quem interagimos.

Não é por acaso que a maneira como tratamos os outros é um reflexo de como tratamos a nós mesmos. Pelo fato de sermos todos um, aquilo que fazemos aos outros fazemos a nós mesmos primeiro. Assim, com o tempo, descobrimos que o Amor é a única verdade com letra maiúscula que existe no universo. Amar é o que nos cura e nos transforma. E embora seja fácil dizer que amamos e ainda mais fácil ridicularizar o amor, muitas vezes levamos uma vida inteira para entendê-lo e manifestá-lo.

De fato, quanto mais felizes somos, mais em paz nos sentimos, e quanto mais amor manifestamos, menos nos afinamos com pessoas complicadas e situações desfavoráveis. Principalmente porque não temos mais nada a aprender com elas. Ao nos reconectarmos com nossa natureza essencial, começamos a fluir com a ordem perfeita do universo. É assim que geramos uma nova correspondência de vida, de acordo com a nova frequência energética na qual vibramos. Em outras palavras, atraímos aquilo que somos e sentimos.

Sofia e a aceitologia

Tomemos Sofia como exemplo — uma mulher que não se ama, não sabe ser feliz sozinha e não tem nenhuma consciência de sua falta de autoestima. Por isso, erroneamente se considera uma "meia laranja", incompleta e quebrada, e procura desesperadamente sua outra metade no mercado do amor. Digamos que ela se apaixone e se case com Paco, a quem considera "o amor de sua vida". Juntos eles formam uma família e parecem ser felizes. No fundo, porém, Sofia continua sentindo o mesmo vazio, a mesma infelicidade, que agora é compartilhada com Paco, que também sente a mesma coisa. É aí começam as discussões, as brigas e os gritos.

Anos depois, Paco decide terminar o relacionamento e deixa Sofia, que fica arrasada. Seu sofrimento é tão intenso que ela mal pode suportar. Depois de passar vários meses mergulhada em lágrimas e vitimização, Sofia está cansada de sofrer. Nesse momento, ela decide sair do buraco em que está presa, comprometendo-se a colocar em prática a aceitologia. O primeiro passo é observar o motivo do seu sofrimento. Nesse caso, Sofia sofre porque Paco a deixou — pelo menos é o que ela pensa.

Em segundo lugar, Sofia se pergunta: "O que não estou aceitando?". A resposta a essa pergunta lhe mostra a verdadeira causa do seu sofrimento: a não aceitação do que está acontecendo. Na realidade, Sofia não sofre porque Paco a deixou, mas porque não consegue aceitar o fato de estar sozinha. O terceiro passo é adquirir sabedoria para entender por que e para que essa separação aconteceu. É aqui que o autoconhecimento e o desenvolvimento espiritual entram em jogo.

Como resultado de uma profunda introspecção, Sofia toma consciência de sua falta de autoestima, a partir da qual construiu uma relação a dois baseada no apego e na dependência emocional. Agora ela entende que seu sofrimento não é por ter perdido Paco, mas por ter se perdido na relação com ele. Então ela descobre que, por não se amar, atraiu para sua vida um homem incapaz de amar, fazendo com que a ausência do amor tenha se destacado durante todos esses anos. Ao mesmo tempo, ela percebe o quanto é importante aprender a ser feliz por si mesma, algo que só pode ser alcançado cultivando a autoestima na solidão.

Como consequência desses aprendizados, com o tempo, Sofia não só aceita sua nova situação — solidão e solteirice — como também se sente em paz com o que aconteceu. Ela é realmente grata pelo processo que viveu, porque apesar da dor e do sofrimento — ou melhor, graças a eles —, ela cresceu e amadureceu como ser humano. Agora, ela se sente como uma laranja completa, muito mais livre e emocionalmente independente. Embora esteja disposta e pronta para se envolver de novo, ela não espera mais que alguém a faça feliz, ainda mais por saber que isso não é possível. Ela não precisa mais ser amada, mas deseja amar. Como resultado de sua evolução espiritual, Sofia cocriou uma nova correspondência vital. Ela ainda não sabe, mas na próxima esquina da sua vida alguém espera por ela — Javier —, outra laranja completa com a qual ela desfrutará do amor em liberdade.

Contente-se com o que tem, regozije-se
com as coisas como são.
Quando você percebe que não lhe falta nada,
o mundo inteiro lhe pertence.
LAO TSÉ

XIII

Viver desperto

> Viver desperto envolve cooperar
> incondicionalmente com o inevitável.
> Anthony de Mello

Em uma aldeia, vivia um fazendeiro muito sábio com seu filho, um jovem que estava encarregado de alimentar os animais. Certa manhã, o menino foi ao estábulo para alimentar o único cavalo que tinham. Ao entrar, descobriu que o cavalo havia escapado. A notícia se espalhou pela cidade, e os habitantes imediatamente foram ver o fazendeiro, dizendo-lhe com uma cara triste: "Que azar você teve! Tinha um cavalo, mas ele o deixou". E o homem, sem perder a compostura, respondeu: "Azar, boa sorte, quem sabe?".

Poucos dias depois e assim que saiu de casa, o filho do fazendeiro ficou surpreso ao ver dois cavalos pastando em frente à porta do estábulo. O animal havia retornado na companhia de outro, de aparência selvagem. Quando os vizinhos souberam do ocorrido, voltaram para a casa do fazendeiro. Sorrindo, comentaram: "Que boa sorte você teve! Você não apenas recuperou seu cavalo, mas agora tem um novo". E o homem, sereno, respondeu-lhes: "Boa sorte, azar, quem sabe?".

Uma semana depois, pai e filho foram cavalgar juntos. De repente, o cavalo selvagem começou a pular, derrubando o menino no chão de tal maneira que ele quebrou as duas pernas. Ao saber do incidente, o povo da cidade correu para visitar o fazendeiro. Ao chegarem em sua casa, disseram-lhe: "Que azar você teve! O novo cavalo é amaldiçoado. Pobre filhinho, que não poderá andar por alguns meses!". E o homem, impassível, respondeu-lhes novamente: "Azar, boa sorte, quem sabe?".

Um mês depois, o país entrou em guerra e todos os jovens da aldeia foram obrigados a se alistar. Todos, exceto o filho do fazendeiro, que, por ter quebrado as duas pernas, teve de permanecer de cama. Por esta razão, os aldeões acorreram à casa do agricultor e, mais uma vez, lhe disseram: "Que boa sorte você teve! Se seu cavalo não tivesse escapado, você não teria encontrado o outro selvagem. E, se não fosse por este, seu filho não estaria ferido agora. Com as duas pernas quebradas, seu filho foi poupado da guerra". E mais uma vez o homem respondeu com serenidade: "Boa sorte, azar, quem sabe?".[1]

47. AME A SUA SOLIDÃO

A reconexão com nossa dimensão espiritual nos leva a "viver despertos". No entanto, costumamos deturpar muito o real significado dessa expressão, formando uma concepção binária e errada. Achamos que estamos acordados ou dormindo, de modo que existem apenas dois estados possíveis de consciência: vigília ou sono. No entanto, no estado normal de vigília, continuamos sonhando. Parece que estamos acordados, mas na realidade ainda estamos dormindo.

Lembremos que, por nos identificarmos com o ego, estamos convencidos de que o que pensamos sobre a realidade é a própria realidade. Sob o feitiço desse *eu* ilusório, vivemos mal em um aprisionamento psicológico invisível, com a consciência sequestrada pela mente e pelos pensamentos. E é precisamente nisto que consiste o "viver adormecido": em acreditar que nossas interpretações subjetivas e distorcidas são verdadeiras e que, portanto, o que acreditamos e pensamos é real. Também significa ignorar nossa ignorância, não ter consciência de nossa inconsciência e manter nossa sombra no escuro.

Ao contrário, viver despertos consiste em compreender que as crenças e os pensamentos agem como uma neblina que nos separa e afasta da verdadeira realidade: o que acontece de maneira essencial e neutra a cada instante — aqui e agora —, também conhecido como "aquilo que é". Dessa forma, a realidade genuína é o que está além da linguagem, dos conceitos e dos rótulos com os quais tendemos a distorcê-la. Viver despertos também implica estarmos cientes de que não somos a mente ou qualquer um das histórias fictícias que ela nos conta ao longo do dia.

De fato, viver despertos nos permite saber quem realmente somos: o ser essencial (ou consciência-testemunha) a partir do qual é produzida uma observação neutra e impessoal da realidade que ocorre a cada momento. É então que nos sentimos parte da vida, e a sensação de separação e solidão desaparece por completo. Como consequência, deixamos de nos identificar com o que não somos: a mente, o ego ou o *eu* ilusório, que também desaparecem, ainda que temporariamente.

Viver despertos de forma permanente é uma quimera, algo ao alcance de poucos. Por mais que tenhamos trabalhado internamente para isso, mais cedo ou mais tarde voltamos a dormir e nos identificamos com o ego. Assim, o jogo espiritual consiste em nos percebermos de novo, despertarmos e nos desidentificarmos mais uma vez. Não depende de nós, é algo que simplesmente acontece, e testemunhar isso é uma coisa maravilhosa.

O ESTIGMA DA SOLIDÃO

Todas as pessoas despertas compartilham uma série de características essenciais. A primeira é estar em paz com a "solidão". Curiosamente, esta é uma palavra muito estigmatizada e mal-vista pela sociedade. Na verdade, "estar sozinho" tem uma conotação muito negativa e é uma expressão utilizada de maneira pejorativa. E não é à toa. O inconsciente coletivo associa a solidão ao isolamento, à rejeição, ao abandono, à separação, ao desamparo, ao isolamento ou mesmo ao exílio, e liga esse sentimento a emoções como melancolia, tristeza, nostalgia, saudade, angústia ou depressão. Não é por acaso que tendemos a acreditar que a felicidade vem dos relacionamentos.

Mas por que não gostamos da solidão? O que acontece conosco quando estamos sozinhos? Devido à nossa falta de autoconhecimento, em geral não temos ideia de como é viver conectados com o ser essencial. Assim, no fundo, sentimos uma incômoda sensação de vazio existencial — coloquialmente conhecido como "tédio" —, que se intensifica quando ficamos sozinhos, em silêncio e sem distrações de qualquer tipo.

Por esse motivo, as redes sociais e, principalmente, os aplicativos de conversa, como o WhatsApp, têm feito tanto sucesso. Para além de permitir uma comunicação rápida e fácil com qualquer ser humano do mundo que tenha um smartphone e esteja conectado à internet, a sua verdadeira função é atenuar a sensação de solidão. É uma questão quase aritmética: quanto mais sozinhos nos sentimos, mais conversas iniciamos com nossos contatos. Quando começamos a nos conscientizar, ficamos surpresos com o número de horas que passamos inconscientemente procurando, em nossos celulares, um remédio para apaziguar nossa solidão.

Ao mesmo tempo, quando nos permitimos estar verdadeiramente sozinhos, às vezes também nos invade um doloroso sentimento de abandono. É um sintoma claro da nossa falta de amor próprio. Quando não cultivamos uma relação íntima conosco, diante da solidão, uma mistura muito dolorosa de tristeza e angústia geralmente emerge de nossas entranhas. Isso não tem nada a ver com o fato de um de nossos pais ou parceiros ter nos abandonado.

A verdade incômoda é que somos nós que, desde muito jovens, nos abandonamos. Desde então, quanto tempo e espaço temos dedicado a conhecer e cuidar do nosso mundo interior?

Desse modo, a verdadeira razão pela qual aparentemente somos seres tão sociais não é nosso amor pela sociedade, mas nosso profundo medo da solidão. Muitas vezes preferimos estar em má companhia do que sozinhos, compartilhando encontros banais e inconsequentes — cheios de barulho, evasão e drogas — com pessoas que não sabem nem querem ficar sozinhas. Não há solidão pior do que se sentir sozinho cercado de pessoas. Por outro lado, podemos nos tornar "mendigos emocionais", viciados dependentes do afeto de outras pessoas. Ironicamente, muitos de nossos conflitos com os outros surgem porque estamos super-relacionados, vivendo em um regime social marcado pela hiperconvivência.

Note-se que uma coisa é estar só e outra muito diferente é sentir-se só. É que não se cura a solidão com as relações humanas, mas com o contato com o ser essencial. Essa é a companhia de que realmente precisamos e que procuramos, só que no lugar errado: fora de nós mesmos. E como qualquer outro aprendizado, é uma simples questão de prática e treinamento. Quanto mais tempo passamos voluntariamente sozinhos, mais gostamos e mais tempo precisamos e queremos ficar sozinhos.

A síndrome da abstinência

Aprender a ser feliz sozinho é como passar por um processo de desintoxicação. Mais do que tudo, porque nos tornamos viciados em todos os tipos de remendos para não nos sentirmos vazios, angustiados e tristes. Por isso, é essencial percebermos as coisas que fazemos ou consumimos para encobrir essas emoções. É essencial nos permitirmos sentir e acolher a dor reprimida que se aninha em nossas profundezas. É nisso que consiste a "síndrome de abstinência". Não temos que temer o tédio, em vez disso, temos que procurá-lo e abraçá-lo.

Não há nada mais terapêutico do que estar sozinho, em silêncio e sem fazer nada. Só assim podemos dar espaço e lugar a essas emoções não atendidas, que começam a brotar com força de dentro de nós. Tudo o que elas precisam é ser aceitas e sentidas. Ao fazermos isso, é muito comum começarmos a chorar sem motivo aparente e, às vezes, de maneira veemente e desoladora. É como se, de repente, tivéssemos desobstruído um tubo emocional que estava entupido há muito tempo. Se isso acontecer, vamos nos segurar. Vamos nos acompanhar enquanto choramos, entendendo que esse "choro consciente" tem a função de extrair a dor do nosso organismo. Esta é a razão pela qual, depois de um bom choro, ficamos completamente vazios, mas com uma sensação muito agradável de conexão e plenitude.

Outra coisa que inevitavelmente acaba acontecendo quando cultivamos a solidão é que passamos a nos conhecer muito melhor. Ficamos cada vez mais em contato com o que gostamos e com o que realmente nos interessa. É por isso que, mais cedo ou mais tarde, descobrimos um *hobby* que só depende de nós para ser realizado. Aliás, outro sintoma evidente de termos despertado é que encontramos um *hobby* que podemos praticar sozinhos e nos enche de energia e vitalidade. Em muitos casos, esse *hobby* está relacionado à criatividade.

No momento em que a solidão deixa de ser um problema em nossas vidas, nosso relacionamento com os outros melhora drasticamente. De forma natural, começamos a estabelecer laços muito mais autênticos e profundos baseados na não necessidade. Também começamos a praticar o minimalismo em todos os seus aspectos e formas. Podemos ainda ter menos relacionamentos, mas todos de qualidade muito superior. E, ao compartilharmos nossa felicidade genuína com os outros, de modo livre e voluntário, nossa sensação de bem-estar se multiplica exponencialmente.

Em suma, amar a solidão implica nos relacionarmos com ela como se fosse uma pessoa. Como tratamos a dona Solidão? Gostamos dela? Aproveitamos sua companhia? Graças ao desenvolvimento espiritual, chega um dia em que ela não só se torna nossa melhor amiga, mas também nosso refúgio e paraíso. Só então descobrimos que somos a solidão. Paradoxalmente, nunca mais nos sentimos sozinhos. Como poderíamos, se fazemos parte de uma unidade incomensurável?

> *Jamais encontrei companheira mais sociável do que a solidão.*
> HENRY DAVID THOREAU

48. Saia do armário espiritual

Quer tenhamos consciência disso ou não, estamos todos imersos em uma jornada espiritual cujo propósito é aprender e evoluir para experimentar o sentimento de unidade em nossos corações. Lembremos que esse processo existencial passa por cinco etapas. Primeiro, nos desconectamos do ser essencial, enterrando-o sob camadas e mais camadas de condicionamento. Então, negamos a existência desse ser, olhando para fora o tempo todo. Mais tarde — fruto de uma saturação do sofrimento —, começamos a procurá-lo. Em algum momento, nós o distorcemos por meio do ego espiritual. E, finalmente, como consequência de nosso autoconhecimento e desenvolvimento espiritual, chegamos ao quinto e último estágio do desenvolvimento espiritual: "a manifestação do ser".

Nesse sentido, nosso processo evolutivo é semelhante ao realizado por qualquer semente na natureza. Aproveitando as condições climáticas em que tem que viver, inevitavelmente acaba florescendo. Assim, qualquer flor, planta, arbusto ou árvore está permanentemente buscando e orientando-se para a luz do sol. E se recebe o suficiente, acaba oferecendo — como presente ou oferenda — seu fruto para a vida.

A mesma coisa acontece com os seres humanos. Como parte do mundo natural, também somos sementes. Dentro de nós guardamos um fruto absolutamente original: a nossa "singularidade". E não há ninguém como nós em todo o universo. Assim como nascemos com uma impressão digital e uma cor de olhos diferentes, também temos potencial e propósito únicos. Mas a manifestação desse potencial e desse propósito já são outra coisa.

Não por acaso, fazemos parte de uma sociedade padronizada em que a maioria permanece trancada no "armário espiritual", levando uma vida sem sentido, artificial e pré-fabricada. Devido ao aprisionamento egoico, o ser essencial é enterrado por nossa personalidade, ou seja, por um disfarce existencial que nada tem a ver com nossa identidade autêntica. O condicionamento social e a manipulação são tão fortes que geralmente sucumbimos, tornando-nos um substituto de quem realmente somos. E nossa repressão é tanta que costumamos morrer de medo de nos mostrar como somos.

Siga a sua felicidade

Como o resto das plantinhas, o desenvolvimento espiritual nos permite aproveitar as condições meteorológicas com as quais nos correspondemos para nos nutrirmos de toda a luz que nos for possível. É assim que vamos florescendo organicamente como seres humanos livres e empoderados. É uma simples questão de honrar o ser que somos. À medida que nos libertamos de nossas correntes e grilhões mentais, nos damos permissão para seguir nossa alegria, aonde quer que ela nos leve.

O desafio é estarmos muito atentos às sensações internas que nosso corpo nos envia. Não se trata de ouvir a nossa cabeça, mas de seguir o nosso coração. E ele não nos fala com palavras, mas com intuições. A princípio, elas se manifestam na forma de ressonância, interesse e curiosidade. Se ousamos caminhar na direção que nos apontam, tornam-se paixão e entusiasmo. Assim, a felicidade nada mais é do que a maravilhosa sensação de sentir como a vida cria através de nós. E isso acontece quando perdemos por completo a noção do tempo fazendo algo que amamos fazer.

Outra característica que todas as pessoas despertas compartilham é serem genuinamente vulneráveis, honestas e autênticas. Em vez de serem fotocópias, ousam manifestar a sua versão original. É claro que essa autenticidade essencial nada tem a ver com o exibicionismo forçado que o ego costuma manifestar para atrair a atenção e se diferenciar. Levar uma vida espiritual não tem nada a ver com ir a um *ashram* na Índia, vestir uma túnica, mudar de nome ou acender incenso... Ao contrário, é simplesmente ousar ser você mesmo, sem enfeites ou frescuras. O que existe é aquilo que mostramos. Nem mais nem menos.

Viver despertos nos permite conhecer, aceitar e amar o ser humano que vemos no espelho todas as manhãs ao acordar, além de compreender que *esse* que vemos não somos nós. Acima de tudo porque não somos o corpo, mas o espírito que ele contém e a consciência que o observa. Essa tomada de consciência nos permite parar de nos levarmos tão a sério e começarmos a rir de nós mesmos com carinho e cumplicidade. Como resposta, a vida começa a sorrir para nós.

A partir dessa nova concepção sobre nós mesmos, automaticamente deixamos de dissimular e fingir ser quem não somos para agradar nosso ambiente social e familiar, sobretudo porque sabemos que os outros não nos veem como somos, mas como são. Ao mesmo tempo, entendemos que quem quer que sejamos — e o que quer que façamos — sempre haverá pessoas que nos julgarão. Por isso, sentimos que não temos nada a perder sendo fiéis a nós mesmos.

Quebrando moldes

Por outro lado, também paramos de nos comparar, de invejar e criticar outras pessoas. Como poderíamos fazer isso, se cada um de nós nada mais é do que uma manifestação física da mesma essência divina? Pelo contrário, valorizamos e aplaudimos a diversidade e a diferença. Que maravilha encontrar e conhecer outros seres humanos livres e autênticos! Mais ainda porque isso não é algo comum, já que atualmente somos tiranizados pelo desejo de igualdade. No entanto, o preço que pagamos é a uniformidade. Se cada um de nós é único e especial, por que costumamos levar o mesmo estilo de vida?

Quando deixamos de estar tão obcecados e preocupados conosco, quando interagimos com outras pessoas, imediatamente simpatizamos e nos adaptamos às necessidades emocionais de quem está à nossa frente, em especial aqueles que ainda estão trancados em seu próprio armário espiritual. Dessa forma, adaptamo-nos ao nível de consciência do nosso interlocutor, partilhando aquela parte da nossa humanidade autêntica que o faz sentir-se bem consigo mesmo. Esta é a razão pela qual as pessoas despertas nunca entram em conflito com as que estão adormecidas.

Desse modo, quebramos naturalmente todos os tipos de moldes convencionais. Sem querer ou pretender, nos tornamos disruptores do *status quo*, porque não conseguimos deixar de viver a vida como sentimos que o ser essencial que somos precisa vivê-la. É assim que deixamos de nos submeter aos cânones estabelecidos de nosso tempo. De forma natural, a espiritualidade nos torna pioneiros, inovadores e pessoas disruptivas.

Prova disso é que, ao longo dos anos, nosso florescimento espiritual se traduz na cocriação de novas formas de conexão com tudo o que existe na realidade. Ao questionarmos tudo, aos poucos vamos descobrindo nossa forma única de nos relacionarmos com a alimentação, a saúde, o lazer, a família, o parceiro, o sexo, a amizade, o trabalho, o dinheiro, o sistema, a natureza, a vida, o universo...

De fato, chega um momento em nossa jornada espiritual em que é impossível não sermos nós mesmos a cada momento. Principalmente porque percebemos que não se trata de uma escolha que podemos fazer. Uma rosa escolhe ser uma rosa? Ao nos libertarmos do ego e nos desidentificarmos do *eu* fictício, a semente que somos começa a florescer sem obstruções ou limitações, dando origem a um modo de pensar, ser e agir singular, original e único: o nosso. Além disso, o fato de sairmos do armário espiritual é muito benéfico para a humanidade, sobretudo porque estamos silenciosamente dando permissão para que os outros façam o mesmo.

> *Disse à amendoeira que me falasse*
> *de deus e ela começou a florescer.*
> Provérbio chinês

49. Nada é tão importante

Quando nos identificamos com o ego, tendemos a dar muita importância ao que está fora, essencialmente porque nos sentimos insatisfeitos por dentro. O *eu* ilusório nos faz acreditar que deixaremos de sofrer quando conseguirmos o que queremos. Paradoxalmente, desejo e apego são a raiz de onde se originam o medo, a ansiedade e o sofrimento. E tudo porque estamos convencidos de que precisamos daquilo que desejamos para sermos felizes.

A ironia é que quanto maior nosso apego ao desejo, mais afastamos a felicidade de nós. Não à toa, o desejo imediatamente se torna uma expectativa. Como essa expectativa em geral não se realiza, acaba virando frustração. Portanto, quanto mais desejamos, mais infelizes nos tornamos. Ao mesmo tempo, quanto mais nos apegamos ao que temos, mais medo temos de perdê-lo. Desse modo, o apego é fonte de tensão, angústia e preocupação. E não só isso, o desejo-apego também nos instala na queixa permanente, porque a vida não costuma nos dar o que queremos.

Viver despertos passa por percebermos que o desejo de querer ser feliz causa sofrimento e que somos prisioneiros de qualquer pessoa, coisa ou situação da qual dependemos para nos sentirmos bem conosco. Desse modo, o desejo--apego é insatisfeito por definição, uma vez que ele nos encerra na prisão da insatisfação crônica. A verdadeira liberdade e satisfação vêm quando o transcendemos.

Por meio do desenvolvimento espiritual, o desejo de alcançar e acumular naturalmente desaparece e descobrimos que deixar ir e nos desapegarmos dá uma satisfação muito mais profunda do que nos apegarmos. Embora possamos desfrutar de tudo o que está ao nosso alcance, a verdade é que não possuímos nada. Nem podemos possuir ninguém. A propriedade privada é outra enteléquia, uma ficção criada por nossa mente egoica. Por isso, quando vivemos despertos não renunciamos a nada. Como poderíamos se não há nada que possamos possuir? A renúncia autêntica consiste em compreender que nada nos pertence nem poderá nos pertencer. Assim, a única coisa a que realmente renunciamos é a ilusão de que podemos possuir algo.

Além disso, tudo o que existe e acontece na realidade é governado pela impermanência. Tudo está em constante mudança e transformação. Daí a futilidade do apego. Quando vivemos despertos, aproveitamos tudo o que podemos enquanto dura, sem medo de perdê-lo e sem nos preocuparmos com o que pode acontecer no futuro. Sabemos que tudo que vem vai, e que qualquer emoção ou estado de espírito que venha nos visitar o faz de forma temporária. É a isso que se refere o ditado "isto também passará". Ao mesmo tempo, não estamos presos ao que já aconteceu, nem guardamos rancor por qualquer acontecimento de nosso passado. Depois de aproveitá-lo para o nosso desenvolvimento espiritual, simplesmente o deixamos ir.

A sabedoria do desapego

Quando vivemos em contato com nossa natureza essencial, sentimos uma agradável sensação de felicidade que emerge das profundezas do nosso interior. Justamente quando isso acontece, a consciência-testemunha volta a estar presente, mudando por completo a relação que estabelecemos com tudo o que nos cerca. Como consequência, percebemos que nada do que acontece é tão importante. Lembremo-nos de que o mundo que percebemos através dos nossos sentidos é *maya*: uma ilusão cognitiva. Daí a importância de sabermos relativizar e neutralizar as coisas que nos acontecem para que o ego não suba muito nem desça muito.

Outra das características essenciais mais distintivas das pessoas despertas é o desapego, ou seja, a certeza de que nossa felicidade e nosso bem-estar não têm causa externa. Eles não dependem de nada nem de ninguém, porque fazem parte da nossa verdadeira natureza. São qualidades inerentes ao ser essencial. Apesar de nossas constantes perturbações, não há nada que aconteça nesta vida pelo que valha a pena sofrer. Especialmente porque o sofrimento é inútil. Não nos devolve o que perdemos, apenas faz crescer nosso egocentrismo e nossa vitimização.

Claro, é essencial não confundir desapego com cinismo ou indiferença. Desapegar-se de algo ou de alguém não significa não se importar ou ser completamente indiferente. Em vez disso, significa que desistimos de tentar possuí-lo, deixando de lado a crença de que isso poderia nos fazer felizes. Dessa forma, impedimos que qualquer coisa ou pessoa nos possua. É assim que nos sentimos cada vez mais livres e independentes.

À medida que o desapego começa a reger nosso modo de perceber e nos relacionarmos com o mundo, outras qualidades do ser essencial surgem. Entre elas, destacamos a equanimidade (entender que a realidade é neutra), a serenidade (aceitar as coisas como elas são) e a paciência, que é a arte de fluir com o ritmo natural da realidade, momento presente a momento presente.

"Be water, my friend"

O conhecido lema *Be water, my friend*[2] — que em inglês significa "seja água, meu amigo" — é um convite a fluir e se adaptar ao que acontece a cada momento, sem opor resistência ou esperar que seja diferente do que é. Essa recomendação vem do taoismo, que estabelece que todos os fenômenos que se manifestam na realidade acontecem por causa do *wu wei*, que em chinês significa "sem ação".

De acordo com essa filosofia oriental, existe uma força natural que move e guia o universo, fazendo com que as coisas que precisam acontecer aconteçam sem esforço. Os planetas se movem por *wu wei*. As plantas crescem por *wu wei*. Os eventos ocorrem por *wu wei*... Cada processo que faz parte da vida tem sua cadência, sua função e seu ritmo. É inútil querer forçá-lo ou acelerá-lo.

O desafio que o desenvolvimento espiritual nos propõe é relaxar e ser testemunhas-observadoras do que está acontecendo. Em vez de nos perguntarmos o que precisamos de determinada situação, é melhor descobrirmos o que essa situação precisa de nós. Em nenhum momento o que está acontecendo nos impede de sermos felizes. Ao contrário, a causa da nossa infelicidade é a nossa incapacidade de aceitar e fluir com o que está acontecendo.

Isso acontece porque o ego acredita que ser forte consiste em ser defensivo. Nada poderia estar mais longe da verdade. Oferecer resistência ao que acontece revela nossa fraqueza. Além disso, quanto mais resistimos ao que acontece, maior é a tensão e a perturbação que geramos para nós mesmos, e mais o ego cresce. Em vez disso, quando nos rendemos e nos mostramos vulneráveis, nos conectamos com nosso verdadeiro poder: invulnerabilidade e imperturbabilidade, também conhecida como "ataraxia".

Não se aflija, qualquer coisa
perdida voltará de outra forma.
RUMI

50. A MORTE NÃO É O FIM

Para muitas pessoas, o dia mais feliz é quando um de seus filhos nasce, e o dia mais triste, quando um de seus entes queridos morre. Em outras palavras, em geral, exaltamos a vida e desprezamos a morte. Tanto é verdade que a morte é um assunto tabu em nossa sociedade, principalmente porque o ego não gosta de ser lembrado de que, mais cedo ou mais tarde, vai morrer. Na verdade, ele vive em constante negação de sua própria mortalidade. É por isso que ele passa tão mal quando alguém próximo a ele morre. Além da dor que sente pela perda, também é confrontado com seu destino inevitável.

Esse é um dos motivos pelos quais a cultura ocidental transformou a morte em um drama. Prova disso é que, na maioria dos funerais, o clima é de absoluta desolação e se fala sempre do morto com inquietude. Nessas situações, o ego considera qualquer outra atitude como desrespeitosa. Parece que, se não sofremos pelo falecido, é como se não nos importássemos. Inconscientemente, medimos nosso amor pelo falecido com nosso nível de desolação e desânimo.

Seja como for, em geral sentimos um medo profundo da morte, porque estamos apegados à vida. Não é à toa que continuamos identificados com o *eu* ilusório, cuja principal preocupação é garantir sua própria sobrevivência. Esse medo é aproveitado pelas diferentes religiões, cujo produto mais vendido é a vã promessa de salvação que garante nossa continuidade no além. A noção de que existe um céu onde descansaremos em paz e viveremos para sempre atua como um "prozac espiritual" para aqueles ainda vivos na Terra. Apesar de não ter certeza se é verdade ou não, as pessoas compram essa ideia cegamente para acabar com a ansiedade causada por acreditar em sua própria mortalidade.

Em paralelo, a crença na reencarnação tem cada vez mais adeptos, o que sugere que a alma que habita nosso corpo teve vidas passadas e desfrutará de existências futuras e que cada uma dessas encarnações serve ao ser essencial para crescer e evoluir espiritualmente. Essa crença estabelece que, antes de nascer, escolhemos onde e em quem encarnamos. Também afirma que nossas decisões e ações nesta vida determinam como será nossa existência posterior, ou seja, o carma que semeamos aqui e agora nos acompanha até a eternidade.

A alma não morre

Tanto a ideia de Céu quanto a de reencarnação são muito atraentes e desejáveis para o ego, pois permite que ele se perpetue indefinidamente. No entanto, ninguém sabe ao certo o que acontece quando morremos. O que sabemos é que o corpo começa a se decompor em questão de dias, e que o ego, como tal, também se desintegra. Mas e o espírito, a consciência e o ser essencial? Embora o que se diga sobre este assunto sejam meras conjecturas, todos os místicos chegaram à mesma conclusão: que a alma não morre, mas retorna ao lugar de onde veio: ela volta para *casa*. Como poderia morrer aquilo que não nasce nem morre, mas faz parte de uma grande unidade abrangente da qual tudo procede?

Ao viver a experiência mística da dissolução do ego, comprovamos de súbito que a morte não existe. A única coisa que morre é a forma física na qual a vida se manifestou temporariamente através de nós, e essa centelha de divindade não tem começo nem fim, mas vive para sempre. Exatamente a mesma coisa acontece com a energia, que não é criada nem destruída, mas transformada. O certo é que, nessa transformação, não há nem vestígio de um ego nem lugar para nenhum *eu*.

Por analogia, digamos que a existência seja um vasto oceano que os místicos chamam de 'deus'. Pois bem, cada vez que se cria uma das criaturas que a habitarão, primeiramente é retirada uma gota dessa mesma água do mar: o ser essencial, que pode assumir a forma de um peixe, de um molusco, de uma alga... Assim como a gota faz parte do oceano, essa essência divina é parte de deus. Desse modo, quando um ser humano morre, a alma se funde outra vez com a divindade da qual veio em primeiro lugar, e a gota se transforma de novo em oceano.

Ter medo da morte é como um peixe ter medo de se afogar. Em essência, porque somos como aquela gota: viemos do oceano, somos o oceano. Quando morremos, nos fundimos com o oceano. Nosso erro existencial consiste em basear nossa identidade em um *eu* fictício que nos faz acreditar que somos uma entidade separada do oceano, da vida, do universo, de deus ou como quisermos chamar. A questão é que apenas o que nasceu pode morrer: o corpo físico com o qual o ego se identifica. No entanto, lembremos que não somos nem o corpo nem o ego, somos o espírito que habita o corpo e a consciência que observa o ego.

Enquanto permanecermos identificados com o *eu* ilusório, é impossível nos libertarmos do medo da morte. Isso só desaparece quando a referida identificação termina. Graças ao misticismo e à espiritualidade, nos reconectamos com nossa natureza essencial e podemos entender que nossa origem e nosso destino são o mesmo: a unidade cósmica que tudo engloba e tudo contém. Quando vivemos despertos, não tememos a morte porque já *morremos*. Na verdade, nós a temos muito presente enquanto vivemos. Saber que nossa existência mundana pode terminar a qualquer momento — mesmo agora, enquanto lemos este livro — nos faz apreciar ainda mais o imenso presente de estar vivo. É assim que paramos de tomar a vida como algo certo. E, quando começamos a valorizá-la como ela merece, enchemo-nos de um sentimento genuíno de gratidão pelo simples fato de estarmos vivos.

Como enfrentar a morte de um ente querido

Quando vivemos despertos, enfrentamos a morte de um de nossos entes queridos de uma maneira muito diferente. Além da dor inevitável que podemos sentir — resultado de nosso apego ao falecido —, quando terminamos nosso processo de luto, lembramos do falecido com alegria. Depois de um tempo, damos graças à vida por ter podido compartilhar o tempo com aquela pessoa especial que tanto amávamos. Independentemente das circunstâncias ligadas à morte de qualquer ser humano, a melhor maneira de homenagear alguém que faleceu é ser feliz.

Vamos imaginar que amanhã morremos e que nossa morte faz com que nossa família e os amigos mais próximos permaneçam afundados na tristeza e devastados para sempre. Gostaríamos que nossa morte — nosso legado — deixasse aqueles que amamos infelizes? Não preferiríamos que, depois do duelo, nosso parceiro reconstruísse sua vida e redescobrisse o amor? Ou que nossos filhos seguissem em frente e fossem felizes? Por que, então, há tantas pessoas que não levantam a cabeça após a morte de um ente querido? Porque o ego usa essa morte para se perpetuar em nós, envenenando-nos com litros e litros de veneno. Há aqueles que vivem em um luto eterno, no qual a dor os impede de reconstruir e aproveitar o resto de suas vidas. E há também aqueles que se suicidam porque não suportam tanto sofrimento.

A morte de um ente querido é um alerta, um lembrete de que nossa existência mundana tem uma data de validade e um convite para refletirmos sobre como estamos vivendo. Quem já teve uma experiência de quase-morte sabe disso. Costuma ser um choque existencial, que muitas vezes representa um ponto de virada no modo de vida dessa pessoa. Ironicamente, a morte é o que dá sentido à vida. Em vez de ficarmos tristes e chorarmos pelo tempo que não poderemos mais compartilhar com os mortos, celebremos e nos alegremos pelo tempo que pudemos aproveitar sua companhia. A melhor homenagem que podemos prestar ao falecido é lembrá-lo com amor e felicidade.

Em suma, o grande mistério que resta a ser resolvido é se há consciência após a nossa morte. O que está claro é que, se houvesse, não seria a consciência egoica centrada em nosso nome, nossa mente, nosso corpo e nossa personalidade. Não, o ego não sobrevive. A consciência que poderia transcender seria aquela neutra e impessoal que, às vezes, emerge em nós quando estamos despertos e conectados com o ser essencial. De qualquer forma, quem sabe? Além de temer o desconhecido, podemos ver a morte como a próxima grande aventura a ser descoberta. A pior coisa que pode nos acontecer é que, ao morrer, nada aconteça.

*A morte só tem importância na medida
em que nos faz refletir sobre o valor da vida.*
ANDRÉ MALRAUX

XIV

Epílogo: O fim da busca

> Chega um ponto no desenvolvimento espiritual em que já não há "ninguém" que importe.
> RAMESH BALSEKAR

TODO MÊS UM JOVEM DISCÍPULO *enviava ao seu antigo mestre um relatório detalhando seu progresso espiritual. No primeiro mês, ele escreveu: "Sinto que minha consciência se expandiu e me sinto unido ao universo". O sábio deu uma olhada no bilhete e o jogou na lixeira. No segundo mês, o jovem escreveu: "Finalmente descobri que o divino está presente em todas as coisas". Assim que leu, o professor balançou a cabeça, desapontado.*

No terceiro mês, as palavras entusiasmadas do discípulo exclamaram: "O mistério do um e da multiplicidade foi revelado diante do meu olhar de espanto". O velho balançou a cabeça e jogou a carta no lixo. A mensagem seguinte dizia: "Ninguém nasce, ninguém vive e ninguém morre, porque o eu egoico não existe". O mestre levantou as mãos para o céu em total desespero.

Depois disso, passou-se um mês, depois dois, depois cinco e, finalmente, um ano inteiro sem notícias dele. Movido por sua curiosidade, o sábio escreveu a seu discípulo, lembrando-o de mantê-lo informado sobre seu desenvolvimento espiritual. Alguns dias depois, ele recebeu uma última carta com a seguinte resposta: "Quem se importa!". Lendo isso, o mestre finalmente sorriu, muito feliz e satisfeito.[1]

51. Existe o livre-arbítrio?

Há um indicador irrefutável de que estamos chegando ao fim de nossa busca espiritual. Trata-se de nos perguntarmos se o livre-arbítrio realmente existe, ou seja, se gozamos de liberdade na hora de tomar decisões e escolher o modo como encaramos nosso destino. E, então, existe? A resposta é sim e não. Depende do nível de consciência em que nos encontramos. Enquanto nos identificamos com o ego, nossa narrativa mental nos diz coisas como "eu estou lendo este livro", "eu estou comprometido com meu desenvolvimento espiritual", "eu deveria meditar mais", "eu vou me iluminar", "eu tenho livre arbítrio"...

Eu, eu, eu e mais *eu*... A identificação egoica nos faz acreditar que somos uma entidade separada da realidade. Hipnotizados por esse eu ilusório, estamos convencidos de que somos livres, responsáveis e, portanto, temos livre-arbítrio. Por isso, sentimos culpa pelos erros cometidos no passado ou ansiedade pelos que podemos cometer no futuro. Enquanto isso — no presente —, a mente disfuncional nos bombardeia com todo tipo de pensamentos estressantes sobre o que devemos (ou não) fazer a cada momento para atender às nossas expectativas egoicas.

Da mesma forma, também acreditamos que os outros têm livre-arbítrio e os julgamos quando estão errados. Reclamamos por considerar que as coisas deveriam ser diferentes de como são a cada momento. O paradoxo é que essa noção de liberdade é em si uma forma sutil de escravidão psicológica. Não surpreendentemente, fortalece nosso senso de ser um *eu* separado da realidade, criando uma dualidade ilusória entre nós e os outros, entre nós e o mundo, entre nós e deus...

No entanto, aqueles que tiveram alguma experiência mística sabem que não existe livre-arbítrio, porque não existe um *eu*, para começo de conversa. Observando nossa vida, percebemos que a raiz de nossas decisões, nossas ações e nossos comportamentos é sempre um pensamento. Tais pensamentos sempre aparecem de forma automática e espontânea. Na verdade, ninguém sabe de onde eles vêm. Embora o ego acredite que são seus pensamentos, os místicos afirmam que eles vêm da "fonte", isto é, da vida, do universo, de deus ou como preferirmos chamar.

Assim, a sequência seria a seguinte: tudo começa com um pensamento que não escolhemos, que provoca uma emoção de acordo com nossa personalidade — que também não escolhemos —, que, por sua vez, gera uma decisão ou uma ação sobre a qual não temos controle. Identificados com o ego, imediatamente acreditamos que somos nós que pensamos, sentimos, fazemos, decidimos e agimos. Entretanto, essa percepção subjetiva é fictícia, pois nenhuma ação é realmente *nossa* ação.

Foi realmente "você" quem decidiu ler este livro?

Nossos pensamentos, nossas emoções, decisões e ações acontecem através de nós. *Eu* realmente escolhi escrever este livro? *Você* decidiu ler de verdade? Com base em tudo o que nos aconteceu na vida, chegou um momento em que este ensaio teve de ser escrito por mim e lido por você. Fomos forçados a isso; nós dois éramos correspondentes.

O ego é aquele que pensa que escolhe. Mas em que se baseia a sua escolha? Em uma mistura de sua genética, sua personalidade e seu condicionamento — elementos sobre os quais não tivemos escolha. É evidente que, no plano da realidade, sentimos que tomamos decisões, mas elas são nossas ou apenas acontecem? Por exemplo, não escolhemos o que gostamos, o que nos interessa ou o que nos motiva em determinado momento; essas sensações vêm de maneira natural e orgânica.

Embora o ego acredite que é livre para fazer o que quiser, a verdadeira liberdade consiste em estar livre do ego. E isso acontece por compreendermos que o livre-arbítrio é uma ilusão cognitiva. De fato, o desejo de se libertar é absurdo, pois é o *eu* que quer se libertar. Como podemos nos libertar do *eu* através do *eu*? Não podemos. É como um cachorro correndo atrás do próprio rabo: é impossível alcançá-lo. Essa liberação — ou iluminação — é algo que acontece ou não acontece e está além do nosso controle.

É óbvio que esta mensagem não é adequada para todos. Sem ir mais longe, há pessoas que ainda estão ancoradas na vitimização do ego. Continuam a acreditar que a culpa por tudo o que lhes acontece está fora. Para que evoluam espiritualmente, esse grupo deve ser convidado a assumir sua parte de responsabilidade. Esse seria o primeiro passo. Depois de assumir a responsabilidade e descobrir que o que precisa mudar está dentro, eles estão prontos para subir o segundo degrau. Só então podem entender que tanto a vitimização quanto a responsabilidade são egoístas, já que, por trás disso, há sempre um *eu* que se faz de vítima ou um *eu* que assume a responsabilidade.

Enquanto vivemos nos dois primeiros degraus, continuamos sendo tiranizados pela mente, presos na dualidade. No entanto, há um terceiro e último degrau no qual, às vezes, transcendemos o ego. Portanto, temporariamente, vamos além da mente e da linguagem. À medida que a noção de ser um *eu* desaparece por completo, a lacuna que pensávamos existir entre nós e a realidade desaparece. Por meio da consciência-testemunho, verificamos que somos essencialmente os mesmos.

O começo do fim

O livre-arbítrio só existe quando pensamos em nós mesmos como uma entidade separada. Assim, ao nos libertarmos de tal identificação — a crença de que somos um *eu* —, descobrimos que não temos controle algum. Isto é, sem dúvida, o que é mais difícil para o ego compreender e aceitar, principalmente porque assumir isso implicaria o começo do seu fim.

Quando acordamos e saímos da dualidade cognitiva criada por esse *eu* ilusório, percebemos que é impossível fazermos outra coisa senão o que fazemos a cada momento. Afinal, tudo acontece pela vontade da vida. Portanto, coincidências não existem, apenas as causalidades. Diante dessas alegações, você pode decidir parar de ler este livro. E, de fato, ao fazer isso, *você* mesmo pode sentir que abandoná-lo foi uma escolha *sua*, resultado de *seu* livre-arbítrio. Mas isso é verdade?

Caso você pare de ler este ensaio, foi realmente *sua* decisão? Observe. Analise. Confira. Ao ler a afirmação acima, não apareceu em sua mente um pensamento convidando-o a parar de ler? Não foi esse pensamento a semente de sua decisão e sua ação subsequente? Quem escolheu esse pensamento? Foi *você* mesmo? Ou o pensamento apareceu como uma reação ao que você acabou de ler?

Quando subimos o terceiro degrau, "aquele que pensa que está subindo" se extingue, ainda que temporariamente. E é então que o "buscador" se torna o "procurado", encerrando a "busca". A partir de então, a vida fica muito mais simples e, como consequência, há uma aceitação total e incondicional do que está acontecendo a cada momento sem que haja "alguém" que esteja aceitando o que está acontecendo. No melhor dos casos, há uma observação neutra e impessoal que testemunha tudo isso.

A busca espiritual termina justamente no momento em que entendemos que não existe *eu*, que não existe livre-arbítrio e que, portanto, não somos os autores de nossas escolhas, atitudes e comportamentos. À medida que essa compreensão acontece, o orgulho, a culpa, a ansiedade e o restante das emoções egoicas que tanto nos distanciam de nossa natureza essencial começam a cair. De repente, continuamos com nossa vida e com nossas tarefas diárias. A única coisa que muda quando despertamos é que, enquanto vivemos, temos consciência de que tudo se desenrola do jeito que tem que se desenrolar. E que, em última análise, não há nada que possamos fazer para torná-lo diferente de como é.

> *O ego traduz a ausência do livre-arbítrio*
> *como a perda da sua própria liberdade.*
> Ramesh Balsekar

52. Fique em paz

Nosso processo evolutivo não é linear, mas ocorre em espiral. Por isso, às vezes sentimos que estamos retrocedendo em nosso progresso espiritual. Isso não poderia estar mais distante da verdade. Esses passos que aparentemente damos para trás são os que mais tarde nos impulsionam para a frente, dando tantos outros adiante. O cerne da questão é a atitude com a qual encaramos o que acontece, tanto dentro como fora de nós. E isso depende do nível de consciência a partir do qual estamos operando.

Aconteça o que acontecer, quando estamos despertos somos acompanhados por uma observação neutra e impessoal a partir da qual observamos o que está acontecendo. Como consequência, deixamos de estar viciados e de reagir emocionalmente ao que ocorre. Não somos nem a favor nem contra. Em vez disso, há uma aceitação e entrega subjacentes que nos permitem sentir paz, mesmo quando estamos em guerra conosco.

Vivendo conscientemente, nos tornamos cada vez menos perturbados. E qualquer desejo ou expectativa que possamos ter sobre nosso processo de desenvolvimento espiritual vai morrendo. É aí que começamos a nos deixar em paz, incondicionalmente em paz. Agindo assim, se formos perturbados de novo, a perturbação será cada vez menos intensa e duradoura. E não só isso, ao aceitar que ficamos chateados, já não nos chateamos mais por achar que não poderíamos ter ficado chateados.

Assim, chega um ponto em que sabemos estar em paz mesmo estando em guerra conosco. Na verdade, já não nos importamos se estamos muito acima ou muito abaixo, centralizados ou descentralizados... Independentemente de como estamos, sabemos acompanhar e autogerir, mantendo um "sorriso interior" solidário conosco e com a realidade da qual fazemos parte. Principalmente porque entendemos que o que acontece é o que convém que aconteça e que é impossível que aconteça de outra forma.

A verdadeira sabedoria está em não lutar emocionalmente com o que acontece, deixando as coisas seguirem seu curso natural. De repente reagimos em um momento de forma egoica? Tudo bem. Aceitamos e continuamos aprendendo. Manifestamos o ser essencial em forma de amor e felicidade? Maravilhoso. Vamos aproveitar enquanto dura. Aconteça o que acontecer, está tudo bem. Tudo é necessário. Tudo é perfeito. Mais cedo ou mais tarde, tudo vai passar.

À medida que crescemos em consciência e compreensão, pouco a pouco descobrimos que não estamos vivendo a vida, mas que a vida está nos vivendo. Ao deixar de oferecer resistência ao que acontece, estamos aceitando direta e indiretamente o ego em sua totalidade. De forma paradoxal, é assim que esse *eu* ilusório se enfraquece. Não é de surpreender que o ego se alimente de nossa oposição e nossa luta contra ele. Quanto mais o aceitamos, menos presente está em nós. E quem sabe um dia ele possa acabar *morrendo* de inanição.

> *Enquanto existir a busca, haverá um* eu *que busca,*
> *que é precisamente ao que a busca pretende dar um fim.*
> JEFF FOSTER

53. MAKTUB

Se você leu até aqui, deixe-me lembrá-lo de que este livro é uma farsa. Ele nada mais é do que uma série de conceitos sobre espiritualidade laica. Ao usar a linguagem, tanto *eu*, que estou escrevendo, quanto *você*, que está lendo, estamos imersos na dualidade, em uma ilusão cognitiva criada por nossas respectivas mentes. Por isso, como escritor, acho irônico pretender acompanhá-lo a esse *lugar*, que está além do intelecto e da linguagem, justamente por meio do intelecto e da linguagem. Ainda mais porque isso não é possível.

Então, "por que você escreveu este livro?", você pode estar se perguntando. Bem, porque eu não pude evitar. Não é algo que eu tenha escolhido, mas algo que me escolheu. É uma pulsão interna irreprimível que me acompanha há anos. Ao me dar conta do efeito transformador que certos conceitos — lidos de outros autores — tiveram sobre mim, foi impossível não compartilhá-los, caso possam gerar o mesmo impacto em você.

Falando metaforicamente,[2] todos nós vivemos com um espinho cravado: o ego, que mantém nossa consciência aprisionada em um mundo conceitual e intelectual fictício e ilusório. Bem, embora possa parecer paradoxal e contraditório a princípio, a função deste livro é ser a farpa que lhe permite remover o espinho egoico que está preso em você por muito tempo. Espero que assim você possa viver a experiência que esses conceitos indicam, que está além de todos eles. Só então você se libertará e poderá descartar os dois espinhos.

Neste momento, só espero que você tenha interpretado esses logogramas indo-europeus de tal forma que eles representem um ponto de virada em sua maneira de conceber a vida. É óbvio que estou ciente de que isso não depende de mim nem de você. A iluminação não é algo que podemos dar ou receber. Acontece quando tem que acontecer, com a pessoa certa na hora certa. Então, quem sabe o efeito que este livro terá em sua consciência?

"Está escrito"

Isso é precisamente o que se entende pelo provérbio *maktub*, que significa "está escrito", em árabe. Em essência, significa que o que está destinado a acontecer sempre encontrará os meios para se manifestar e se tornar realidade. Embora eu não tenha ideia do que acontecerá com você daqui para a frente, o que sei é que, seja o que for, é o que você precisa para seguir crescendo e evoluindo espiritualmente.

Lembre-se de que não há nenhum lugar para onde você precise ir e nada que tenha que conquistar. O paradoxo é que seu desejo de obter algo além do que o que você tem no momento presente — incluindo ser alguém diferente de quem é — é o que impede você de desfrutar disso plenamente. O despertar e a libertação que você procura há muito tempo estão aqui e agora. E a verdade é que eles não vão a parte alguma. Pare de persegui-los, e eles virão até você. E isso vai acontecer no exato momento em que você realmente não se importar mais se essa experiência vai ou não acontecer.

Pode chegar um dia em que, enquanto segue com sua vida, você se verá plenamente consciente de que as coisas estão acontecendo sem que *você* faça nada a respeito. E, de repente, bum!, um lampejo de lucidez e compreensão o invade e altera para sempre a concepção que você tem de si e do universo. A verdade é que os melhores momentos da vida acontecem quando você não está presente, ou seja, quando a mente desaparece e você se funde com o momento presente.

Mas, por favor, não procure por isso, não deseje isso nem espere por isso. Apenas permita que o que tem de acontecer aconteça. E mais: deixe que a vida viva você. Só então você perceberá que tudo o que acontece não acontece por causa de você, mas apesar de você. Assim como a escrita deste livro, que a vida criou através de mim, na minha ausência. *Bendita* causalidade.

> *O que não está destinado a acontecer não*
> *acontecerá, não importa o quanto você tente.*
> *O que está destinado a acontecer acontecerá*
> *por mais que tente evitá-lo.*
> Sri Ramana Maharshi

Junte-se à revolução

Do mesmo modo que sai suco da laranja ao espremê-la, quando a vida nos aperta, sai o que temos por dentro.
WAYNE DYER

APÓS LER ESTE LIVRO, SE você quiser se juntar à revolução da consciência, eu o encorajo de todo o coração a dar uma olhada nos seguintes projetos que venho promovendo e liderando desde 2009:

Kuestiona. É uma comunidade educacional para buscadores e dissidentes. Seu objetivo é democratizar a sabedoria para inspirar uma mudança de paradigma por meio de programas presenciais e on-line que visam capacitar nossos alunos, para que cresçam em sabedoria nas diferentes áreas de suas vidas. Mais informações em www.kuestiona.com.

La Akademia. É um movimento cidadão que promove a educação emocional e empreendedora gratuita para jovens entre 18 e 23 anos. Sua missão é acompanhar esses jovens na descoberta de quem são e qual é o seu verdadeiro propósito, para que possam se reinventar e prosperar na nova era. Mais informações em www.laakademia.org.

Terra. É um projeto escolar consciente que promove um novo paradigma educacional cujo objetivo é oferecer uma verdadeira educação aos alunos entre dois e dezoito anos. Em vez de prepará-los para passar no vestibular, nós os preparamos para aproveitar plenamente a vida. Mais informações em www.terraec.es.

Se quiser colocar em prática a teoria contida neste livro, convido você a dar uma olhada no meu curso on-line *Las casualidades no existen. Claves de desarrollo espiritual para estar en paz con la vida* [As coincidências não existem. Chaves de desenvolvimento espiritual para estar em paz com a vida]. É um programa de treinamento no qual eu guio você por meio de um passo a passo a fim de mergulhar no misticismo e aproveitar tudo o que acontece com você para crescer e evoluir espiritualmente. Nesse sentido, e como forma de agradecer a confiança que depositou em mim ao adquirir este livro, ofereço-lhe um desconto de 50%. Para utilizá-lo, basta acessar meu site www.borjavilaseca.com, seguir os passos de compra e introduzir o cupom de desconto: "MAKTUB". Se quiser, você pode começar hoje na sala da sua casa. Boa viagem!

BIBLIOGRAFIA

Não acredite em nada do que ouvir, por mais que seja compartilhado por uma grande maioria. Não acredite nas palavras de nenhuma tradição religiosa, independentemente do tempo pelo qual elas têm sido repetidas. Não acredite em nada porque aparece em alguma escritura de algum sábio da Antiguidade, por mais que ele seja admirado hoje em dia. Não acredite em nada do que a sua mente diga, por mais que ela insista várias vezes com o mesmo pensamento recorrente. Pelo contrário, questione e analise tudo, da mesma forma que um ourives trabalha o ouro: dividindo, raspando, esfregando e fundindo. Só assim você poderá comprovar se alguma coisa é verdade e pode ser útil para você.
SIDDHARTHA GAUTAMA, "BUDA"

Este ensaio não é baseado somente em minha experiência pessoal, mas também na obra de muitos autores. Aproveito para recomendar e homenagear os seguintes livros cujas reflexões me inspiraram para a escrita dos capítulos listados a seguir:

- *Zelota*, de Reza Aslan (capítulos 14, 15, 16, 17 e 18).
- *Who Cares?*, de Ramesh Balsekar (42 e 51).
- *Sapiens*, de Yuval Noah Harari (36).
- *A onda é o mar*, de Willigis Jägger (32, 33, 41 e 42).
- *Ame a realidade*, de Byron Katie (29).
- *Deus*, de Fréderic Lenoir (13, 14 e 15).
- *Medicina da alma*, de Anthony de Mello (29 e 32).
- *History of Religions*, de E. O. James (13, 14 e 15).
- *Buda: sua vida e seus ensinamentos*, de Osho (35, 43 e 49).
- *La aceptología* [A aceitologia], *La alquimia del pensamiento* [A alquimia do pensamento] e *Las leyes universales* [As leis universais], de Gerardo Schmedling (30, 44, 45 e 46).
- *O poder do agora* e *Um novo mundo*, de Eckhart Tolle (10, 11, 12, 35 e 40).
- *Além do ego: dimensões transpessoais em psicologia*, de Roger Walsh e Frances Vaughan (32).
- *Atenção plena para iniciantes*, de Jon Kabat-Zinn (34 e 35).

Notas

I. Este livro é uma farsa

1. Conto do livro *Cuídalos o piérdelos* [Cuide-os ou perca-os], de Beverly Kaye e Sharon Jordan-Evans.
2. Conto do livro *Aplícate el cuento* [Aplique o conto], de Jaume Soler e Maria Mercè Conangla.
3. Aforismo de Bernard Werber.

II. Tome a pílula vermelha

1. "O mito da caverna", de Platão.
2. Aforismo de Siddharta Gautama, "Buda".

III. O verdadeiro pecado original

1. Conto do livro *Aplícate el cuento* [Aplique o conto], de Jaume Soler e Maria Mercè Conangla.
2. Aforismo de Eckhart Tolle.
3. Aforismo de Jiddu Krishnamurti.
4. Aforismo de Ursula K. Le Guin.
5. De René Descartes.
6. Aforismo de Immanuel Kant.
7. Extraído do livro *Além do ego: dimensões transpessoais em psicologia*, de Roger Walsh e Frances Vaughan.
8. Termo de Eckhart Tolle.
9. Como o liderado pelo divulgador científico Michael Mosley no documentário da BBC *The placebo experiment*.

iv. A história da religião

1. Conto do livro *101 cuentos clásicos de la India* [101 contos clássicos da Índia], de Ramiro Calle.
2. Trata-se das tumbas encontradas no leito de Qafzeh, atual Israel.
3. Como a de Qafzeh (Israel), a Grotte des Enfants (Itália) ou Ferrassie (França), entre outras.
4. Pinturas foram encontradas em grutas e cavernas na Ásia, na Austrália, na Indonésia, na Rússia, na Romênia e em muitos outros lugares do mundo. As mais impressionantes são aquelas localizadas no sopé dos Pirineus, tanto no sul da França quanto no norte da Espanha. Entre elas, destacam-se as grutas de Font de Gaume, Combarelles, Chauvet, Lascaux e Volp, bem como as que se encontram na Cantábria: Altamira, Monte del Castillo e Candamo.
5. As pinturas de mais destaque em que "o senhor dos animais" aparece foram encontradas em cavernas na França e na Espanha: Casares, Teyjat, Pasiega Combarelles, Gabillou, Madeleine, Lascaux, Addaura, Pileta e, especialmente, na gruta de Trois Fréres.
6. Entre os destacados por Mircea Eliade.
7. Localizado a quinze quilômetros da cidade de Sanliurfa (antiga Urfa), na Turquia, próximo à fronteira com a Síria.
8. Dados extraídos do livro *Deus*, de Reza Aslan.
9. Aforismo de Jesus de Nazaré.
10. De acordo com o *Guinness World Records*.
11. Essa história foi emprestada da "Balada do supersábio", escrita há mais de 3.700 anos na Mesopotâmia, que foi retomada por sua vez pela Epopeia de Gilgamesh, que os hebreus conheceram durante sua deportação na Babilônia.
12. Essa história foi emprestada da lenda de Sargão da Acádia, escrita há mais de 4.250 anos na Mesopotâmia.
13. Esses mesmos fatos aparecem nos mitos de Hórus (mitologia egípcia), Atis (mitologias grega e frígia), Krishna (mitologia hindu), Dionísio (mitologia grega), Mitras (mitologia persa), segundo o documentário *Zeitgeist*, de Peter Joseph.

v. Em nome de deus

1. Conto do livro *Medicina da alma*, de Anthony de Mello.
2. De acordo com dados do Centro de Investigações Sociológicas [Centro de Investigações Sociológicas, CIS] da Espanha.
3. De acordo com dados do Instituto Nacional de Estatística (INE) da Espanha.

vi. O desencantamento do mundo

1. Conto inventado por Irene Orce e Borja Vilaseca.

2. Como Thomas Hobbes, John Locke, Baruch Spinoza, David Hume, Jean Jacques Rousseau, Denis Diderot, Adam Smith ou Paul Thierry d'Holbach.
3. Aforismo de Karl Marx.
4. Aforismo de Friedrich Nietzsche.
5. Como Auguste Comte, Ludwig Feuerbach, Karl Marx ou Sigmund Freud.
6. Sam Harris, Daniel Dennett, Richard Dawkins e Christopher Hitchens.
7. Tal como está explicado nos dois primeiros capítulos do Gênesis, tanto da Torá judaica como do Antigo Testamento cristão, assim como o versículo 38 do capítulo 50 do Corão muçulmano.
8. Teoria atribuída a Georges Lemaitre, que falou do *big bang* pela primeira vez em 1927.
9. Em homenagem ao físico Peter Higgs, que a descobriu em 1964.
10. Teoria atribuída a Hermann Bondi, Fred Hoyle e Thomas Gold.
11. Aforismo de Parmênides.
12. Idem.
13. Esse termo foi atribuído a Friedrich Heinrich Jacobi, foi popularizado por Ivan Turguêniev e seu expoente máximo é Friedrich Nietzsche.
14. Aforismo de Max Weber.

VII. A noite escura da alma

1. Conto de autoria desconhecida.
2. Termo de Eckhart Tolle.
3. Termo de San Juan de la Cruz.
4. De acordo com os dados da Organização Mundial da Saúde (OMS).
5. De acordo com os dados do Relatório Mundial sobre Drogas da Organização das Nações Unidas (ONU).

VIII. Se você muda, tudo muda

1. Conto do livro *Medicina da alma*, de Anthony de Mello.
2. Aforismo de Gerardo Schmedling.
3. Provérbio zen.
4. Como Byron Katie, cujo método "O trabalho", descrito em seu livro *Ame a realidade,* descrevo em seguida.
5. Como Nikola Tesla.
6. Como Siddhartha Gautama, «Buda».
7. Aforismo de Hermes Trismegisto.
8. Conforme os ensinamentos de Gerardo Schmedling.
9. Informação extraída de *La alquimia del pensamento* [A alquimia do pensamento], de Gerardo Schmedling.
10. Idem.

IX. A experiência mística

1. Conto do livro *O canto do pássaro*, de Anthony de Mello.
2. Provérbio budista.
3. Título de um livro de Willigis Jägger.
4. Aforismo de Jon Kabat-Zinn.
5. Termo de Ramesh Balsekar.
6. Provérbio hindu.

X. O ego espiritual

1. Conto do livro *La oración de la rana* [A oração da rã], de Anthony de Mello.

XI. Espiritualidade laica

1. Conto do livro *Cuentos con alma* [Contos com alma], de Rosario Gómez.
2. Termo atribuído a Agostino Steuco e popularizado por Aldous Huxley.
3. Escola mística fundada por Shankara no século IX.
4. Termo cunhado por Arthur Koestler.
5. Termo cunhado por William James e popularizado por Abraham Maslow e Ken Wilber.

XII. Tudo é perfeito

1. Conto do livro *Viver na alma*, de Joan Garriga.
2. Desenvolvida por Gerardo Schmedling.
3. Idem.
4. Título de um livro de Albert Einstein.
5. Desenvolvida por Carl Gustav Jung.
6. Aforismo de Jesus de Nazaré.
7. Termo de Gerardo Schmedling.
8. Aforismo de Gerardo Schmedling.

XIII. Viver desperto

1. Conto do livro *Las filofábulas para aprender a convivir* [As filofábulas para aprender a conviver], de Michel Piquemal.
2. Aforismo de Bruce Lee.

XIV. Epílogo: O fim da busca

1. Conto do livro *¡A quién le importa!* [Quem se importa!], de Ramesh Balsekar.
2. Metáfora extraída do livro *Sé lo que eres* [Sei o que você é], de Sri Ramana Maharshi.